«Este libro es estupendo. Me constató algunos aspectos sobre la crianza de mis hijos sin hacerme sentir condenada por aquellos en los que fallé... Puedo aplicar conceptos transferibles aun ahora que soy abuela. Le compraré una copia de este libro a cada uno de mis hijos. Te lo recomiendo mucho».

> —**Ruth Graham**, autora de *En cada banca se sienta un corazón partido*

«Padres: necesitamos este libro especial. ¡Muchos solo intentamos sobrevivir ante una vida ocupada y unos hijos activos! Básicamente, practicamos un estilo de crianza de aguante o hasta un estilo que recurre a las costumbres antiguas, y, en realidad, nunca nos enfrentamos al proceso. Pero en estas páginas, Jim Burns nos brinda el ánimo y las herramientas que necesitamos para colocar a la par las palabras *padres y confiados*».

> —**Shaunti Feldhahn**, autora del éxito de venta de la serie *Solo para mujeres*

«Los padres han leído las estadísticas sobre las drogas, la depresión y la violencia entre los muchachos, y ante ello, muestran miedo. Aquí está un libro que se enfoca en las respuestas para un padre preocupado... *Padres Confiados* es práctico, bíblico y útil en verdad. Lo recomiendo mucho».

> —**Gary D. Chapman**, autor de *Los cinco lenguajes del amor* y *Los cinco lenguajes de la disculpa*

«El reto más grande de un padre es moldear y formar a sus hijos según la imagen de Dios. El consejo sabio de Jim en *Padres Confiados,* no obstante, te ayudará a alcanzar con gracia esta meta sublime».

> —**Shannon Ethridge**, Maestría en Consejería y Relaciones Humanas, autora del éxito de venta de la serie *La batalla de cada mujer*

«Jim Burns lo ha hecho de nuevo. Este libro es tan real como práctico. Jim pregunta si acaso la frase *padres confiados* es una paradoja. Una vez lo hayas leído, lo será menos».

> —**John Ortberg**, pastor y autor de la *Iglesia Presbiteriana Menlo Park*

«Este libro renueva y anima... Hoy día muchas parejas ven la crianza de los hijos como una tarea intimidante, ¡y en verdad lo es! Pero puedo asegurarles que los principios que se bosquejan en *Padres Confiados* son tan sólidos como se presentan y pueden ayudarlos a construir una vida familiar sana y feliz».

> —**Doctor Archibald D. Hart**, Profesor veterano de Psicología y Decano Emérito, Facultad de Estudios Graduados en Psicología, Seminario Teológico Fuller

«Si eres como nosotros, los que tenemos niños pequeños en casa, estás buscando un poco de confianza en el ámbito de la crianza de los hijos. Jim Burns es justo el hombre que puede brindarla en este libro estupendo. No podemos imaginar que exista un padre en el planeta que no resulte animado a través de su mensaje práctico. Es fácil de entender, se basa en la gracia y está bien argumentado de principio a fin».

—**Doctores Les y Leslie Parrott**, autores de *El padre que deseas ser* y fundadores de *RealRelationships.com*

«Jim Burns nos enseña que podemos ya sea recuperarnos de nuestro pasado familiar o repetirlo. Su mensaje está lleno de esperanza y sanidad. Te recomiendo mucho *Padres Confiados* si deseas tener una familia sana y feliz».

—**Doctor Kevin Leman**, experto en matrimonio y crianza de los hijos y autor de *Logra hijos obedientes sin perder la cabeza*

«¡Ahora te puedes beneficiar de los años de experiencia de Jim Burns para hacer triunfar a las familias! De todo corazón, creemos que los principios de este libro te serán de mucha ayuda para ti y tu familia. Quizá este sea el trabajo más significativo que Jim jamás haya hecho».

—**David y Claudia Arp**, autores de *10 Citas Extraordinarias*

«No es fácil criar hijos en esta cultura tan cambiante. Jim Burns ha escrito un libro convincente que ayuda a los padres a saber cómo desarrollar una base positiva y práctica para ayudar a sus hijos a permanecer en el sendero correcto. Creo en Jim y en su mensaje».

—**Josh D. McDowell**, autor y conferencista

«Ser padres de una familia que honra a Dios es la aventura más difícil y desafiante de nuestras vidas. En *Padres Confiados*, Jim camina junto a nosotros en ese desafío, nos aconseja con la calidez de quien está en medio de la misma aventura».

—**Doug Fields**, pastor de jóvenes de la Iglesia Saddleback, y autor de *Ministerio de jóvenes con propósito*

«Este libro es refrescante e increíblemente práctico. Jim Burns nos da las herramientas no solo para mejorar nuestra propia vida, sino también para cambiar nuestra familia de generación en generación».

—**Ginger Kolbaba**, editora de *Marriage Partnership Magazine* y autora de *Surprised by Remarriage*

PADRES CONFIADOS

- *Cómo reabastecer vidas demasiado ocupadas*

- *Cómo vencer los patrones familiares negativos*

- *Cómo crear un hogar lleno de gracia*

- *Cómo comunicarse en afecto, calidez y estímulo*

- *Cómo criar hijos que amen a Dios y se amen a sí mismos*

Jim Burns

La misión de Editorial Vida es ser la compañía líder en comunicación cristiana que satisfaga las necesidades de las personas, con recursos cuyo contenido glorifique a Jesucristo y promueva principios bíblicos.

PADRES CONFIADOS
Edición en español publicada por
Editorial Vida – 2010
Miami, Florida

© 2010 por Editorial Vida

Published in English under the title:
    Confident Parenting
    Copyright © 2007 Jim Burns
    By Bethany House,
    a division of Baker Publishing Group,
    Grand Rapids, Michigan, 49516, U.S.A.
All rights reserved.

Traducción: *Karen Azucena y Giovanni Durán*
Edición: *Morena Azucena y Karen Azucena*
Diseño interior: *Francisco Panameño, gk translators*
Diseño de cubierta: *Pablo Snyder*

ISBN: 978-0-8297-5690-6

CATEGORÍA: Vida cristiana/Familia

IMPRESO EN ESTADOS UNIDOS DE AMERICA
PRINTED IN THE UNITED STATES OF AMERICA

11 12 13 ❖ 6 5 4 3 2

Para Rod y Pam Emery

Amigos, líderes y mentores
llenos de sabiduría, generosos en su apoyo

RECONOCIMIENTOS

Gracias…

Cathy Burns… Cómo pude ser tan afortunado de encontrarte para ser mi compañera de vida, madre extraordinaria, mejor amiga y heroína. Te amo.

Christy Burns… Por tus adiciones maravillosas a este libro. Me enorgullece saber quién eres y en quién te estás convirtiendo. ¡Eres genial!

Rebecca y Heidi Burns… A veces aprendo más de ustedes de lo que ustedes quizá han aprendido de mí. Considero que ser el padre de mis tres niñas es un privilegio único en la vida. Espero con ansias cada llamada telefónica, cada conversación y cada momento juntos.

Cindy Ward… Eres una persona excepcional. Admiro tu amor a toda prueba para con tu familia, tus amigos y Dios. Eres una de mis mayores bendiciones en este planeta. Gracias por tu compañerismo en el ministerio.

Dean Bruns… Si acaso no te he dicho lo agradecido que estoy por el privilegio de trabajar juntos durante todos estos años, que quede impreso en este libro para siempre. Gracias por tu dedicación y pasión. Gracias por tu amistad y por la risa.

Hay tantos miembros de HomeWord, la junta directiva y los donantes que a diario llenan mi vida de gozo. Me maravillo por el talento y la generosidad de las personas que están cambiando al mundo a través de HomeWord. Gracias a Jeff Armour, Steve Arterburn, Randy Bramel, Susan Bramel, Rod Emery, Pam Emery, Rick Haugen, Bob Howard, Kelly Mitchell, Geoff Moore, Lucie Moore, Gordon Schaller, Jon Wallace, Aubrey Ashford, Bill Bauer, Dean Bruns, Todd Dean, Emily De la Torre, Lindsey DeVito, Brent Ferguson, Jeff Haddad, Betty Harper, Chris Jansen, Jim Liebelt, Roger Marsh, Linda McKinley, Julia Mestas, Megan Michaelson, Mary Perdue, Dionne Petitpas, Wayne Rice, Natalie Richardson, Scott Singletary, Kendall Steffensen, Ann Trotter y Derek Yankoff.

Con agradecimientos especiales para Kyle Duncan, Greg Johnson, Tim Peterson, Julie Smith, Jeff Braun y todo el resto que hicieron de este libro una realidad. ¡Qué buen equipo!

CONTENIDO

INTRODUCCIÓN

«¡LOS ODIO A TI Y A PAPÁ! Ustedes son los peores padres del mundo. Todo lo que hacen es gritarnos a nosotros, sus hijos, y luego discutir entre ustedes. Siempre hay tensión aquí. Luego, se van a la iglesia y actúan como si nada. Ya me cansé de eso. Odio la iglesia. Odio esta familia. Odio mi vida».

Jason, el hijo de Mark y Becky, experimentaba otra crisis. En el fondo sabían que no los odiaba ni se odiaba a sí mismo, y que cuando se enfadaba usaba palabras como *siempre* y *nunca*. Sus comentarios se pasaron de la raya, pero aun así habían provocado escozor.

Esa noche, Mark y Becky conversaron durante un par de horas sobre su familia, su matrimonio y su fe. Debían admitir que su vida era difícil y desordenada y que Jason estaba más en lo cierto que equivocado acerca del estado de su familia. Cuanto más platicaban, más frustraciones emergían. Al final, Mark espetó: «Nada da resultados. La vida no se está convirtiendo en lo que pensé sería cuando nos casamos».

Desde un inicio, ambos tenían grandes expectativas de que su matrimonio y su vida familiar superarían lo que habían experimentado al crecer.

Ninguno provenía de una situación horrible, pero sus familias se podrían clasificar fácilmente como disfuncionales en alguna medida. Mark creció en un hogar muy estricto, con poca alegría. Aunque sus padres no se habían separado, Mark rara vez los vio conectados entre sí. La mayor parte del tiempo su mamá era quien disciplinaba, mientras su papá permanecía distante. Becky creció en dos familias y ninguna ganaría el premio de la «familia del año». No recuerda haber visto juntos a su mamá y su papá. Él se fue con otra mujer y, al final, se casó con alguien de su oficina. Ella era agradable, pero tenía el trabajo a tiempo completo de cuidar del padre de Becky por su problema con el alcohol. Cuando Becky cumplió ocho años, su mamá se volvió a casar. Aunque su padrastro no era malo, en su mente no lograba ocupar el lugar de un «papá de verdad». Tanto Becky como Mark decían que habían crecido en hogares donde había tensión y faltaba dirección. Y ahora sus propios hijos sentían la presión.

Jason tiene trece años y Jennifer, nueve. Ambos son muy lindos, muy brillantes y, para la mayoría de las personas, voluntariosos. A causa de su demandante empresa, Mark se mantiene preocupado y no tan enfocado en los chicos como Becky o él quisieran. Sus hijos lo idolatran. En verdad, él es su compinche, no obstante, de vez en cuando la presión lo atrapa y se sale de sus casillas. Becky se hace cargo de la mayoría de las responsabilidades en la crianza de sus hijos. No es exagerado decir que su vida se enfoca en los chicos con poca atención para Mark.

Había trascurrido poco tiempo desde su boda cuando Mark y Becky se dieron cuenta de que no sabían cómo ser modelos a seguir. No coincidían en la crianza de los hijos y se descubrían a sí mismos imitando a sus padres más de lo que jamás imaginaron. Luego del último episodio con su hijo Jason, sabían que su familia estaba deslizándose hacia muchos de los mismos errores que enfrentaron al crecer.

La única diferencia era la fe en Dios de Mark y Becky. Aunque su hijo pensara que eran hipócritas, Mark y Becky habían avanzado mucho en su fe. Había sido un período difícil, pero, por instinto, sabían que necesitaban entregar su relación y sus hijos a Dios. Mark y Becky necesitaban ayuda.

───────

CATHY Y YO NOS SENTAMOS a la mesa de la cocina hacia el mediodía. Esperábamos el regreso a casa de una de nuestras hijas. Estaba en problemas. La noche anterior habíamos salido de la ciudad para dar una conferencia sobre cómo ser padres confiados, lo cual parecía irónico ya que íbamos a confrontar a nuestra hija sobre lo que había sucedido esa misma noche. Nuestra hija de veinte años había invitado a sus amigos a venir a casa. No es que eso fuera malo, de hecho nos encanta que vengan los chicos. Sin embargo, esta vez le pidieron a nuestra hija que se quedara en su trabajo pasada la medianoche, y, mientras la esperaban en el patio de nuestra casa, sus amigos hicieron más ruido de lo usual.

Pudo haber sido peor. No obstante, los vecinos se quejaron. Estaban enojados, y tenían todo el derecho a estarlo. Ya que un poco de ruido alrededor de la piscina altera y molesta a los vecinos, tenemos un «toque de queda para el patio», algo que nuestra hija debió haberles mencionado a sus amigos. De hecho, queremos caerles bien a los vecinos y tratamos de mantener el ruido a raya (¡por lo menos la mayor parte del tiempo!). Claro, hubo una vez en que llamaron a la policía por una fiesta de jóvenes en la piscina, pero ante los chicos esto solo mejoró la calidad de la fiesta.

Nuestra hija entró a la cocina. Con tranquilidad pero con firmeza, la confronté sobre la queja de los vecinos. Esperaba que me dijera algo como: «Papá, tienes razón. Lo echamos a perder. Lo siento mucho, y no se repetirá jamás». En lugar de eso, se dejó caer en la mesa y arremetió contra nosotros, solo que el tema no era el ruido de la noche anterior. El tema era nuestro estilo de crianza, nuestro sistema de creencias, la presión que sentía por ser una Burns.

«¿Es porque hablamos y escribimos sobre familias?», le preguntamos.

«No», respondió. «Pero, ¿saben lo difícil que es ser su hija y sentir que necesito ser alguien que no soy?».

En esencia, ella pensaba que somos muy estrictos, muy tensos, muy esto, muy lo otro. Debo admitir que algunos de sus puntos tenían sentido. Pero algunas quejas simplemente se derivan del hecho de ser una familia. Aunque a algunos les parezca una novedad, los padres son quienes están a cargo. De hecho, a menudo les digo a los padres que si son «compinches» de sus hijos, probablemente están haciendo una mala labor. En mi mente, el verbo *criar* significa algo como «establecer límites, escoger batallas, enseñar y entrenar para obtener una respuesta limitada, luego esperar durante un largo tiempo la recompensa de tener nietos para que te rías del hecho de que tus hijos ahora están pasando por las mismas pruebas propias de la crianza de los hijos que tú pasaste».

Cuando nuestra hija terminó de descargar sus sentimientos sobre nosotros, anunció que era tiempo de irse, ¡solo que necesitaba diez dólares para la gasolina! Cathy y yo nos lanzamos una mirada de «no lo puedo creer» y luego le otorgamos el préstamo hasta su próximo pago. Después de que se fue, me volví a Cathy y, con mi lengua firmemente plantada en mi mejilla, le dije: «Bien, ahora necesito ir a escribir otro capítulo para el libro de padres confiados».

La frase padres confiados es casi una paradoja. Algo similar a un helado de dieta o el caso de una madre que no trabaja. ¿De verdad es posible ser un padre confiado? Si tienes *demasiada* confianza, quizá necesitarás mucha ayuda psicológica. Sin embargo, la mayoría de los padres está en la otra esquina, con poca o nula confianza, y necesita un impulso. Cuando carecemos de confianza, con frecuencia dudamos de nuestras habilidades de crianza y comenzamos a desarrollar malos hábitos, como ser incoherentes en el modo de disciplinar. Si no tenemos confianza o un plan, podemos llegar a paralizarnos y caer en la pasividad. Fluctúo entre saber hacer lo correcto y hacer las cosas sin saber con exactitud cómo se hacen. Hay días en que pienso (con humildad, claro está) que tengo todo el conocimiento que necesito y que puedo hacer un gran trabajo. «Mis hijas no tendrán los mismos problemas que los demás», me digo. Luego, la realidad me golpea y me encuentro quebrantado, solitario, cuestionando y perdiendo toda la confianza en mi habilidad para ser un padre eficiente.

Es probable que lo anterior no te brinde la confianza de que has hecho una compra inteligente al adquirir este libro. Pero antes de que lo pongas a un lado y busques un libro escrito por alguien versado en este tema, déjame decir esto: la experiencia que más le baja a uno los humos en la vida es ser padre, y al mismo tiempo, la experiencia más estimulante es ser padre. Me encanta la frase del personaje de Disney, Stitch, sobre su familia humana adoptiva en la película *Lilo y Stitch*: «Esta es mi familia. Puede ser pequeña. Puede estar rota. Pero aun así es buena».

No puedo prometerte que he hecho todo correctamente. En verdad, no lo he hecho así. Soy un padre en construcción: algunos días son buenos, otros no tanto. Pero puedo asegurarte que en cada página mis palabras son un intento de caminar junto a madres y padres que buscan una estrategia para la crianza de sus hijos que incluya consejos prácticos y principios que honren a Dios.

En la mayoría de lugares donde voy, las personas me piden ayuda para lograr una crianza sólida, algo que puedan usar con confianza. No puedo prometerte que tendrás hijos perfectos (no existen los hijos perfectos), pero te ofrezco lo que creo es un plan que te ayudará a formar un adulto responsable. (Como cristiano, debo añadir a lo anterior: adultos responsables *que amen a Dios, se amen a sí mismos de una forma apropiada y vivan según la moral y los valores de las Escrituras).*

Es aquí donde espero que encuentres la confianza mediante el conocimiento de las posibilidades y las recompensas de una buena crianza. Es posible reabastecer vidas demasiado ocupadas y comunicarte mejor con tus hijos, con afecto, calidez y estímulo. Es posible superar los patrones familiares negativos que pudiste experimentar al crecer y detener el error que se transmite de generación en generación. Puedes crear un hogar lleno de gracia y criar hijos que amen a Dios y se amen a sí mismos.

El viaje para ser un padre confiado no será necesariamente fácil. Comienza con la decisión diaria (a veces, por hora) de renunciar a tus hijos (y la crianza de tus hijos) y dejarlos en las manos de Dios. Sin embargo, la recompensa de edificar una familia saludable y formar un legado es mejor que cualquier otra cosa que esta vida nos ofrezca. Me honra caminar contigo en este viaje. Hay respuestas y hay esperanza. Puedes ser un padre confiado... al menos, ¡la mayor parte del tiempo!

Jim Burns
Dana Point, California

¿Cuál es el punto?

1. En una escala del 1 al 10 (siendo 10 el puntaje mayor), ¿qué tan confiado te sientes sobre tu estilo de crianza de tus hijos?

   ¿Por qué?

2. ¿Quién ha influenciado más tu estilo de crianza de tus hijos y tu estrategia?

3. ¿Cuál ha sido la lección más efectiva que has aprendido de ellos?

El propósito

1. ¿Qué deseas lograr al leer este libro?

El plan

1. ¿Qué pautas de acción vienen a tu mente para dar pasos inmediatos que te ayuden a ir en la dirección correcta?

SER PADRES 1 CONFIADOS

¿ES POSIBLE?

«LO QUE MÁS ME ASUSTA ES que Mark y yo estamos
repitiendo el estilo que nuestros padres tenían para criarnos.
Para atraer la atención de los chicos, Mark les grita, y cuando lo
hace suena muy parecido a su padre. Cada vez que le menciono
esto, no le gusta y parece evitarme. Es probable que sea así, pues
me pongo a criticarlo. Pero necesito a Mark; Jason y Jennifer
también lo necesitan. Él permanece distante la mayor parte del
tiempo y muy inmerso en el trabajo. Hay días (semanas) que
deseo darme por vencida y detener esto. Pensé que ya teníamos
esta situación resuelta… estoy tan decepcionada de nuestra
vida».

Becky estaba en una situación inusual. Acaba de confesarle
su vida a una completa extraña. Por lo general, Becky suele ser
muy cuidadosa con sus sentimientos, en especial cuando se trata

de los problemas en el hogar. Sin embargo, Judith apareció casi como un ángel enviado del cielo. Allí estaba, sentada sola en una cafetería Starbucks, como si estuviera esperando a Becky. Judith estaba bien vestida y parecía un poco mayor. Su conversación comenzó con una plática corta, normal, pero se dirigió a cosas más profundas. Judith sabía escuchar, y era claro que entendía por lo que Becky estaba pasando. La madre atribulada acababa de abrir su vida ante una desconocida.

—Tengo una palabra para ti —afirmó, y en el momento en que Judith hizo una pausa al hablar, quizá para enfatizar la idea, Becky se reclinó en su silla.

Luego, alargando cada una de las sílabas, Judith dijo:

—Per-se-ve-ran-cia.

—Trato, en realidad lo hago, pero cada vez se hace más y más difícil —dijo Becky.

—Sé que puede parecer así, pero no te des por vencida, no vuelvas atrás —exclamó Judith con firmeza—. Existen respuestas para aquellos que en verdad las buscan; por cierto, la promesa de Dios para ti se encuentra en un antiguo proverbio: «Instruye al niño en el camino correcto, y aun en su vejez no lo abandonará». Lo importante es que no sigas en el camino sin la ayuda de Dios. Él te mostrará el sendero y te dará la fortaleza a medida que perseveras.

Un aliento de consuelo vino sobre Becky y con mucho interés preguntó a su nueva amiga si se podían reunir una vez más. A Becky le extrañó su reacción.

«Ah, nos reuniremos otra vez, hay muchas lecciones que aprender», indicó Judith.

COMO YA HE CONFESADO, no me siento como un padre confiado la mayor parte del tiempo. De hecho, mientras más tiempo soy padre de mis tres hijas, menos confiado me siento en esta posición que Dios me ha dado. Exactamente cuando piensas que estás obrando bien, te tropiezas en el camino; o como he aprendido estos años, pierdes tu oportunidad. Un tiempo atrás, mi familia y yo disfrutábamos acampar. Para nuestras tres hijas nunca era fácil. De hecho, pensaban que en medio de un parque natural alejado de la civilización deberían existir adaptadores eléctricos para sus secadoras de pelo. Somos del tipo de familia que empaca todo al último momento, se hace cargo de por lo menos una responsabilidad o un proyecto adicional a los necesarios en el último minuto y que al momento de comenzar las vacaciones está completamente exhausta. En la mayoría de nuestros viajes a las montañas, mi esposa e hijas dormían las primeras horas del trayecto y despertaban hambrientas y con un poco de mal humor.

En uno de nuestros viajes, yo había estado conduciendo durante muchas horas y estaba hambriento y un poco irritable mientras ellas dormían. Pocas veces averiguo direcciones antes de un viaje (lamento decir que esto me ha hecho desperdiciar muchas horas al buscar lugares para acampar). En esa ocasión, se trataba de un paseo al hermoso lago Tahoe, pero, sin saberlo, me había equivocado de ruta. Cincuenta millas después, nuestra hija menor, Heidi, que hoy me doy cuenta no estaba dormida, dijo:

—Papi, ¿por qué no viraste donde la señal de tránsito apuntaba al lago Tahoe?

—Heidi, ¿por qué no lo dijiste antes? —exclamé con frustración.

—Lo siento, papi. ¡Pensé que sabías lo que hacías! —replicó.

Si somos francos, la mayoría de nosotros realmente no sabemos qué estamos haciendo como padres. La vida es un frenesí y ser padres también lo es.

Cuando un niño llega al hogar, no viene con un manual del usuario, o con garantía de reemplazo o con la posibilidad de devol-

> **Estamos mejor equipados y entrenados para conducir un automóvil o buscar éxito profesional que para criar niños.**

verlo. Estamos mejor equipados y entrenados para conducir un automóvil o buscar éxito profesional que para criar niños.

Nadie nos envío a la escuela de entrenamiento para padres. En efecto, somos mejores padres *antes* de tener bebés que después de que ellos llegan. Recuerdo haberle dicho a Cathy que no sería padre a la manera en que mi madre y padre lo fueron, pero al estar ahogándome en las tormentas que en ocasiones aparecen en el mundo de las relaciones familiares, ¿cuál es mi primer acto instintivo? Actuar como mis padres. Esto sucede porque inevitablemente traemos nuestras inseguridades y disfunciones a nuestro matrimonio y cuando los niños aparecen tendemos a seguir el mismo patrón. Tratamos de ser mejores padres pero por lo general actuamos sobre la base de procedimientos empíricos.

Podemos recibir ayuda de otros miembros de la familia, amigos, la iglesia o libros como este, pero, a largo plazo, tú decidirás cómo criar a tu hijo al final. Si buscas una salida rápida a los problemas que enfrentas al criar a tus hijos, sigue buscando; este libro no es para ti. *Padres Confiados* es como correr un maratón en lugar de una carrera corta. Requiere perseverancia, entereza, intencionalidad y estrategia. Este libro no te dará respuestas rápidas, pero sí te ofrecerá un mapa de ruta, uno diseñado por Dios, que lo hizo para cuidar de tu familia que es el llamado más grande sobre la tierra para ti.

Casi todos los días, temprano en la mañana, salgo a caminar con mi perro Hobie, un Golden Retriever, a orillas del puerto de Dana Point, cerca de nuestro hogar. Cathy, que prefiere la caminata con movimientos firmes y de precisión, lo llama «caminata débil» pues no hay lugares inclinados. No hace mucho tiempo atrás,

Hobie y yo dábamos un paseo cerca de la orilla cuando nos encontramos con dos personas de edad avanzada que iban tomadas de las manos. Desde la publicación de mi libro *Creating an Intimate Marriage* [Forme un matrimonio íntimo], he estado especialmente interesado por las parejas que parecen tener solidez. Luego de intercambiar saludos con este matrimonio de años, comenzamos a hablar acerca de Hobie. Después les pregunté: «Ustedes parecen felices. ¿Cuál es su secreto para mantener un matrimonio con intimidad y fortaleza?».

Intercambiaron miradas, y con timidez me respondieron: «Ah, no estamos casados y no quisiéramos que nuestras parejas supieran acerca de nuestro (con un guiño de ojos) "viaje de negocios"».

Pocas veces me quedo sin palabras, pero su respuesta me dejó asombrado. Era obvio que esta pareja tenía una aventura. Expresé entre dientes un incómodo «lo siento», y Hobie y yo nos marchamos. Es probable que interpretaran mis palabras como un «lo siento» por pensar que estaban casados. En realidad, lamento que hayan *renunciado al potencial dado por Dios para la intimidad* en sus matrimonios y lo hayan cambiado por la falsa intimidad de una infidelidad. Lo siento por sus cónyuges e hijos y lo siento por su flagrante desobediencia a Dios, nuestro Creador.

¿Qué salió mal en sus matrimonios? Nunca lo sabré, pero te garantizo que habrá una estela de relaciones rotas a lo largo del camino. Si tuviera que adivinar, diría que cada una de estas dos personas se casó con el amor de su vida, pero cuando los niños, el trabajo y las cuentas hicieron su aparición, *descuidaron* su relación matrimonial. Quizá inició con pequeños compromisos, y en medio de todas sus responsabilidades, pasaron por alto el vínculo con su cónyuge y descuidaron el compromiso con sus votos nupciales. Luego su relación se *fue a la deriva*. A veces las personas ni siquiera saben que están distanciadas hasta que un día levantan sus miradas y se preguntan: «¿Qué nos pasó?».

¿Qué tiene que ver esta historia con ser padres confiados? En realidad, pienso que lo mismo sucede con nuestro rol de padres y madres. Nunca descuidaríamos las necesidades físicas de nuestros hijos, pero a menudo nos encontramos distanciados y descuidamos los otros ámbitos que pueden ser determinantes en la vida como familia. Nos preparamos para la mediocridad en el liderazgo con nuestros hijos. Las familias encuentran un falso sentido de seguridad en el quehacer de la vida cotidiana y los padres permiten ciertas circunstancias para «guiar» a sus hijos a la independencia.

He pasado la mayor parte de mi vida a unas cuantas millas del Océano Pacífico. Mis padres se mudaron a California después de crecer en medio de granjas. Mi padre me ha contado historias de cómo las vacas no son los animales más brillantes sobre la Tierra. Recuerdo a mi padre describir la manera en que las vacas pastan en los campos. Mantienen sus cabezas abajo, van de un puñado de pasto a otro, comen y rumian sin prestar atención hacia dónde se dirigen. Después de un rato, levantan su vista para descubrir que están totalmente perdidas. No querían alejarse del resto del hato, simplemente mantuvieron sus cabezas abajo, haciendo lo que les gusta hacer. Si no somos cuidadosos, haremos lo mismo.

Muchos padres no tienen metas claras sobre cómo ser padres o un plan en su lugar. No se fijan en lo que puede venir adelante. Los cónyuges no piensan de la misma manera cuando se trata de asuntos como la disciplina, el crecimiento espiritual, los problemas familiares, entre otros. La mayoría no desea desviarse, pero sin dirección, con el tiempo, tendemos a arriesgar los valores buenos y naturales de ser padres a través de pequeñas concesiones.

Jenni y Robert descubrieron que

> **Sin dirección, con el tiempo, tendemos a arriesgar los valores buenos y naturales de ser padres a través de pequeñas concesiones.**

pasaban la mayoría de los domingos en el parque o en la playa en lugar de asistir a la iglesia. Un día se dieron cuenta de que sus hijos sabían muy poco sobre Dios. En muchos sentidos eran padres bien intencionados, pero habían descuidado la fe de su familia. Esta había sido una prioridad; y, al menos en sus mentes, todavía lo era. No obstante, sus acciones indicaban lo contrario.

Rhonda es una madre soltera. Muchos padres solteros son mis héroes y Rhonda no es la excepción. Un día me contó que su hija le había dicho que ya no era «divertida». «Bueno, ¿lo eres tú?», preguntó Rhonda.

«No, en realidad», admitió. «Era mejor cuando juntas hacíamos cosas divertidas y teníamos días en familia, pero ahora estamos ocupadas con tantas cosas». Rhonda necesitaba hacer cambios en su plan e incluir la diversión. No es que no fuera una persona divertida; solo que no era una prioridad y se había alejado de ello.

Si nuestra meta es criar adultos responsables (no solo hacer a nuestros hijos felices), es muy importante que determinemos un propósito y un plan a seguir. Con seguridad, esto tomará tiempo y requerirá intencionalidad, pero valdrá la pena a largo plazo. Comienza por pensar en lo que quieres que tus hijos sean cuando crezcan. ¿Cuáles son tus esperanzas y sueños para ellos? No hablo del plan que tienes para sus vidas: qué profesión tendrán, con quién se casarán y cosas semejantes. Hablo de un plan para criarlos y que les ayude a desarrollar carácter, integridad, fe, responsabilidad, disciplina, un corazón de siervo, discernimiento moral y todas las demás cualidades internas de un alma saludable.

No puedo apostarlo, pero sé que las oportunidades para que tus hijos se conviertan en adultos responsables aumentan cuando eres un padre confiado, que tiene un plan y un propósito. Para lograr esto, debes trabajar tanto en «ti mismo» como en el desarrollo de tus hijos. Mantén el final del camino en mente; la perseverancia y la entereza son obligatorias para ser padres confiados.

LA PERSEVERANCIA Y LA CRIANZA DE LOS HIJOS

Ya he mencionado que la expresión «padres confiados» es prácticamente una paradoja. Y esto encaja, ya que criar hijos está lleno de realidades contradictorias. Es una labor a largo plazo, pero depende en gran medida de las interacciones y decisiones que se dan a cada minuto y día tras día. Deseamos mucho que a nuestra familia le vaya bien, pero en ocasiones estamos demasiado cansados para llevar a cabo lo que es prioritario. También están las heridas profundas, los problemas de salud, los temores y la frustración que golpean a la mayoría de las familias. En cuanto a nuestras relaciones, nos amamos, pero a veces (si no la mayor parte del tiempo) existe enojo y frustración ocultos entre los miembros de la familia. Así era para Brenda, a quien conocí después de dar una charla en su iglesia. Me comentó lo impresionada que estaba de ver con qué facilidad se enojaba con sus niños cuando desobedecían y confesó que había momentos en los cuales deseaba no haber tenido hijos. Este sentimiento le duraba un rato pero creaba en ella una intensa culpa. ¿Cómo podía amar a sus hijos y al mismo tiempo desear que desaparecieran?

La verdad es que probablemente Brenda no sea tan diferente a la mayoría de nosotros. Como me encanta decir: cuando un pecador se casa con otro pecador y luego tienen «pecadorcitos», ¿qué se puede esperar?

Existe un texto de las Escrituras en el libro de Hebreos que me ayuda en gran manera con mi perspectiva de ser padre. Es el texto que aparece después de Hebreos 11, una increíble reliquia de la literatura que describe a los padres y las madres de nuestra fe:

Por tanto, también nosotros, que estamos rodeados de una multitud tan grande de testigos, despojémonos del lastre que

nos estorba, en especial del pecado que nos asedia, y corra-
mos con perseverancia la carrera que tenemos por delante.
Fijemos la mirada en Jesús, el iniciador y perfeccionador de
nuestra fe, quien por el gozo que le esperaba, soportó la cruz,
menospreciando la vergüenza que ella significaba, y ahora
está sentado a la derecha del trono de Dios. Así, pues, con-
sideren a aquel que perseveró frente a tanta oposición por
parte de los pecadores, para que no se cansen ni pierdan el
ánimo.

> *(Hebreos 12:1-3)*

En ninguna manera soy teólogo y hay personas de autoridad que pueden enseñar el significado exacto de este texto; sin embargo, lo veo como una hermosa ilustración de perseverancia y entereza. La meta suprema es terminar bien y, con franqueza, que también a nuestros hijos les vaya bien. La pregunta que te propongo es la siguiente: ¿Cómo está tu rol de padre? Nunca será perfecto, pero se espera que dé resultados.

En mi primer viaje a Sudáfrica, un joven trabajador me dio una lección importante en cuanto a la perseverancia que su padre le había enseñado. Su padre era guía de escaladores del monte Kilimanjaro. El ascenso es largo y a veces difícil. Hay partes escabrosas a lo largo de los diecinueve mil pies de altura, con momentos de gran alegría y momentos de intensa y molesta complejidad. Así son nuestras vidas, nuestras familias y relaciones.

El guía le dijo a su hijo que cuando el cielo estaba nublado y los escaladores no podían ver el pico de la gran montaña, raras veces lograban llegar a la cima. Los escaladores se desanimaban, se irritaban, tomaban actitudes negativas y peleaban unos con otros; pero cuando el cielo estaba claro y podían fijar sus ojos en el pico de la montaña, los escaladores se enfocaban y trabajaban juntos. Casi siempre lograban llegar a la cima.

Nuestras vidas son así. Cuando fijamos nuestros ojos en el propósito de nuestras vidas —y en la crianza de nuestros hijos— y perseveramos, podemos lograr nuestras metas. Cuando nos desanimamos y decidimos seguir otro camino, la labor se torna aun más difícil y nos arriesgamos a perder las cosas más importantes: nuestros hijos, nuestra pareja y nuestra relación con Dios. Lee el mapa de ruta, mantente en el camino. Dios sabe el camino y te mostrará la ruta. Una vez, Oswald Chambers dijo: «Sea consciente de cualquier cosa que compita con su lealtad a Cristo Jesús». Suena como un consejo para la vida y para nuestro rol de ser padres.

PRIMERO, LO PRIMERO

Para perseverar y mantener nuestros ojos concentrados en lo más importante, debemos mantenernos concentrados en nuestras prioridades. Si estamos muy ocupados en hacer malabares y vivir en estado de crisis, perderemos el rumbo. Algunas de las personas más increíbles que conozco han tenido que luchar por su vida como familia y por encontrar la forma correcta de ser padres no porque no tuvieran prioridades adecuadas, sino porque estaban demasiado distraídas y ocupadas *viviendo* al margen de sus prioridades. Nos distraemos con lo que no es esencial y pasamos por alto las cosas más importantes.

Nunca olvidaré la sabiduría que Jack Hayford me enseñó en una conferencia de pastores de Guardadores de Promesas en el Estadio Diamondback de Arizona. Me habían invitado a dar una conferencia, y Jack era «el pastor de ceremonias». Jack ha sido un líder cristiano mundial por cuarenta años, es uno de mis héroes. Antes de pasar al podio le pregunté:

«Jack, ¿cuál es tu secreto para la longevidad en el liderazgo?».

Me contestó:

«Jim, no es lo que he escogido hacer, sino lo que he escogido *no* hacer».

En otras palabras, Jack ha tratado que su vida no esté llena de activismo. Ha puesto primero, lo primero. Es un gran consejo para todos nosotros, ¿no te parece?

El capítulo 4 de este libro está dedicado a aprender cómo reabastecer vidas demasiado ocupadas. Por ahora, ten en mente que para criar a tus hijos de manera que se conviertan en adultos responsables, necesitarás utilizar la palabra *no* más de lo que te gustaría. Pero no solo es un no al comportamiento inadecuado, es un *no* a muchas actividades y distracciones atractivas que controlan a una familia. Muchos de nosotros estamos cansados de nuestro rol de padres y hemos perdido el ánimo pues estamos muy ocupados. Las ocupaciones de la vida nunca deberían interponerse en nuestra labor como padres. Así que, si tu hijo no habla latín a la edad de ocho años, o si no juega en los torneos de fútbol cada fin de semana, ten en cuenta que todavía hay tiempo para que prospere y tenga éxito como adulto.

> **Las ocupaciones de la vida nunca deberían interponerse en nuestra labor como padres.**

Muchos padres se dejan llevar por las presiones del mundo. Aun los bien intencionados ponen en riesgo sus valores por complacer a sus hijos o simplemente para sobrevivir y encontrar armonía en el hogar, y pagan el precio de no criar adultos responsables.

Mi mensaje es: No permitas que las cosas sigan como están. No te des por vencido. Quizá obtengas motivación adicional al pensar en cómo está tu vida en familia, y, si no es buena, hacia dónde podrían ir las cosas. Ten en mente este gran pensamiento de mi amigo Bill Hall: «Cuando el dolor de permanecer en lo mismo es más grande que el dolor de cambiar, usted cambiará». Yo lo veo de esta manera: en la vida decidimos entre el dolor de la disciplina o el dolor de arrepentirnos. Hoy elige el dolor de la disciplina.

Cuando se lee un libro sobre cómo ser padres, es natural que de inmediato se asocie la idea de la disciplina con el comportamiento de los niños; sin embargo, para ser padres confiados, la disciplina que aplicas en tu propia vida es vital a largo plazo. ¿Qué te sustentará a ti? Y, ¿hay algo que te detenga?

Estas preguntas no son para tu pareja o tus niños. Con franqueza, no puedes hacer mucho con respecto a las decisiones que tu pareja toma, ni con las de tus hijos cuando alcanzan cierta edad. Sin embargo, puedes tomar decisiones sobre tu propia vida. Es seguro que necesitarás disciplina para vencer las luchas personales, pero en última instancia te ayudará a ti *y* a tu familia.

En 1968, en el Estadio Olímpico Universitario de la Ciudad de México, las luces del estrado, el lugar donde se premia a los ganadores, se habían apagado después de un día extremadamente ocupado en las más grandiosas competencias de campo y de atletismo en pista de la historia de los XIX Juegos Olímpicos. Unos cuantos jueces, el equipo de limpieza y un puñado de periodistas que escribían sus reportes aún se mantenían en el lugar cuando, de pronto, de alguna parte, un corredor que aún vestía el uniforme de atletismo de su país, entre cojeando y corriendo apareció en el estadio. El corredor estaba literalmente a horas de distancia del último en llegar a la meta. Aquel hombre luchó por mantener el paso alrededor de la pista, finalmente cruzó la línea de llegada. Un periodista corrió a la pista a preguntarle por qué se había tomado la molestia de terminar la carrera ya que era obvio que estaba lastimado y que nadie lo tomaría ni siquiera como un finalista. Aquel lastimado corredor levantó la vista y dijo: «Mi país no me envió a más de cinco mil millas para empezar la carrera, me envió a cinco mil millas a terminarla».

Este hombre perseveró, soportó el dolor y terminó la carrera. ¡Qué héroe! Esa es la respuesta para todos aquellos que han heredado los pecados y las luchas de las generaciones previas. Quizá andemos como cojos un poco, pero hay esperanza y un legado positivo para nuestros hijos y los hijos de nuestros hijos si estamos dispuestos a tomar el desafío de ser padres confiados.

¿CÓMO LUCE UN PADRE CONFIADO?

Como ya mencioné, antes de enfocarnos en nuestros hijos y familia como un todo, necesitamos observar nuestra propia vida. Jon y Anita son un ejemplo típico. Han estado tan concentrados en el mal comportamiento de sus hijos que han ignorado lo primero que deben hacer en sus propias vidas y matrimonio con el propósito de crear un ambiente más saludable para sus niños. Nunca se han tomado un tiempo para desarrollar un plan o propósito para su rol de padres. Por afuera, parecen tener las cosas bajo control, pero, sin un plan, pronto perderán su confianza. Si alguna vez has estado en la situación de Jon y Anita, aún hay esperanza y seguridad, pues solo con un plan, tu familia puede crecer y prosperar.

UN PADRE CONFIADO PERSEVERA Y LOGRARÁ:

1. **Vencer los patrones familiares negativos.**
   Aun si creciste en una familia disfuncional, puedes ser parte de la «generación de transición». Puedes romper la cadena de disfunción de tu pasado y ayudar a tus hijos a dejar atrás los patrones familiares negativos.

2. Tomar la responsabilidad de su plan y propósito.

En los días de Jesús, a menudo los hebreos seguían un plan y propósito en su rol de padres, el cual tomaban de las Escrituras. Era un esquema para pasar su perspectiva y la fidelidad de una generación a otra. Nos hemos apartado de ese plan y es hora de retomarlo.

3. Comunicarse con afecto, calidez y estímulo.

Tú puedes, de manera radical, cambiar el ambiente en tu hogar a través del Afecto, la Calidez y el Estímulo (ACE). Como padres a menudo utilizamos la vergüenza como una técnica en lugar de utilizar ACE. Es tiempo de tratarnos unos a otros con misericordia y amor.

4. Reabastecer vidas demasiado ocupadas.

Cuando nos encontramos cansados, se nos hace muy fácil distraernos. Comenzamos a sentirnos entumecidos con respecto a la gran variedad de emociones humanas, ejecutamos pobremente nuestro rol de padres y cometemos errores en nuestras relaciones. Las cosas buenas no siempre vienen por actividades interminables y un acelerado ritmo de vida.

5. Crear un hogar lleno de gracia y disciplina coherente.

Reglas sin comunión mutua equivalen a rebelión. Necesitamos dar a nuestros hijos límites morales claros y suficiente gracia para que se sientan amados y seguros.

6. Traer seguridad y honor al hogar a través de proferir bendiciones.

La mejor forma de responder a la necesidad de seguridad y aceptación de un hijo es darle un sentido bíblico de bendición. Aun si nosotros no hemos recibido esa bendición que honra a

Dios de parte de nuestros padres, podemos brindar seguridad y aceptación a nuestros hijos a través de nuestra aprobación y la celebración de sus ritos de transición.

7. **Criar hijos que amen a Dios y tengan un adecuado amor por sí mismos.**

Con un «plan» para tu rol de padre, puedes formar un legado de fe y amor que se transmita de generación en generación.

Alguien que escuchaba mi programa radial diario me preguntó si había alguna garantía de que sus hijos crecerían sin problemas profundos. Tuve que ser sincero: no hay ninguna. En realidad, algunos de los más grandiosos padres que conozco han tenido momentos de dolor con sus hijos. Aun los llamados expertos en el ámbito de la crianza de hijos y vida familiar han tenido su cuota de experiencias de fracaso con sus propios hijos. Sin embargo, con un plan y un propósito, los factores de riesgo disminuyen en tu favor. La tarea de ser padres es cualquier cosa menos fácil. Pero no hay llamamiento superior en la Tierra. Así que, juntos, convirtámonos en padres confiados.

¿ES POSIBLE SER PADRES CONFIADOS?

¿Cuál es el punto?
1. ¿Qué se requiere para sostener tu vida, tu familia, tu plan, tu matrimonio (si estás casada o casado) y tu salud a largo plazo?

Vida

Familia

Plan

Matrimonio

Salud

El propósito

1. ¿En qué manera se relaciona la perseverancia con la crianza de los hijos?

El plan

1. Al leer este capítulo, ¿qué aspecto puedes hacer parte de tu plan para la crianza de tus hijos de forma inmediata?

2. ¿Qué aspecto fue de ánimo?

3. ¿Qué te produce inquietud?

2

TÚ PUEDES SER UN PADRE DE LA GENERACIÓN DE TRANSICIÓN

CÓMO VENCER LOS PATRONES FAMILIARES NEGATIVOS

INVOLUCRADOS EN MUCHAS COSAS PERO NO CO-NECTADOS. Esa es la manera en que Mark describe a la familia que tuvo durante su niñez. Desde afuera, parecían estar bien (ocupados con el trabajo, la iglesia y la escuela), pero dentro de la vida en hogar, sus padres estaban distanciados el uno del otro y también de los hijos. Lo principal que ellos compartían era el techo sobre sus cabezas. Años más tarde, Mark se dio cuenta de que lo que más hizo falta fue sentido de cuidado. Y ahora, esperaba que Becky y los niños le dieran esa calidez e intimidad que no había recibido cuando era niño. Su problema era que no sabía cómo dar cuidado ni cómo recibirlo.

Al igual que muchos hoy en día, Becky creció con un paquete «extra» de padres. Después de que sus padres se divorciaron, su padrastro sencillamente no pudo suplir el amor que ella deseaba de su padre, quien era un «alcohólico funcional» que no podía mantener buenas relaciones. Al final, su padre se casó con una mujer que intentó ser una buena madrastra, pero estaba demasiado ocupada con el padre de Becky y sus propios hijos de un matrimonio anterior. Becky se encontró siguiendo los pasos de su madre, quien era una mujer criticona y amargada y, al igual que al padre de Becky, no le iba bien en las relaciones.

Mark y Becky habían tenido una fuerte discusión sobre cómo tratar a los niños. Mark, que siempre hacía varias cosas a la vez, sugirió salir de la casa e ir al lavado de autos de manera que pudieran hablar mientras lavaban el automóvil. Becky sabía que habría tensión pero deseaba conversar.

Luego de sentarse en un lugar tranquilo y lejos de los demás, Becky levantó su mirada, y allí estaba Judith. Becky se levantó y con emoción se la presentó a Mark. Le recordó a su esposo que Judith era la mujer amable que había conocido en Starbucks al inicio de la semana. Judith los saludó casi como si tuviesen una cita con ella, y les preguntó cómo les iba. Mark estaba dudoso de hablar y decir mucho, pero Becky comenzó a hacerlo.

«Judith, nos hemos dado cuenta de que provenimos de familias no muy buenas para entablar relaciones y que ahora seguimos algunos de los mismos patrones negativos». Y, entre lágrimas, prosiguió: «Justo hoy, Mark me dijo que me parecía cada vez más y más a mi madre. Judith, ¡no quiero eso!».

Judith se acercó y tomó su mano. Era tan cálida y amorosa que Becky deseaba que su madre hubiera sido así. Mark percibió que había una conexión especial entre ellas, pero era bastante raro que su esposa abriera su corazón ante prácticamente una extraña.

Judith los miró y exclamó dos palabras que nunca habían escuchado en una misma oración. Era como si ella supiera sus historias y su pasado. «Mark y Becky: ustedes necesitan ser la *generación de transición.* La Biblia es muy clara cuando dice que heredamos la tendencia pecaminosa de nuestras familias, aun hasta la tercera y cuarta generación».

Judith dejó que aquella declaración penetrara en sus mentes antes de proseguir: «La buena noticia es que con perseverancia y trabajo *pueden* ser la generación de transición. Pueden detener la disfunción y los patrones familiares negativos que pueden afectar a Jason y a Jennifer y aun a los hijos de ellos. No será fácil, pero es posible recuperarnos de lo que heredamos de nuestras familias».

Antes de que Becky y Mark alcanzaran a responder, su auto estaba listo. Debían marcharse, pero le dijeron a Judith cuánto apreciaban su consejo.

Cuando salieron del lugar, Mark preguntó:

—¿Qué tiene esa mujer de diferente?

—En verdad no lo sé, pero tengo el presentimiento de que no hemos terminado de aprender de ella —expresó Becky y sacudió su cabeza.

—¿Dónde vive? —preguntó Mark.

—No lo sé.

—¿En qué trabaja?

—No lo sé —dijo Becky, con una pequeña sonrisa, y en ese momento se dio cuenta de que sabían muy poco de una mujer que conocía mucho de ellos.

Más tarde, en el juego de fútbol de Jennifer, toda la conversación de Mark y Becky giró en torno a su deseo de ser la generación de transición. Sus corazones sintieron esperanza por primera vez en mucho tiempo.

CATHY Y YO CRECIMOS en lo que podemos llamar «clásicos hogares disfuncionales». Nuestros padres y abuelos no eran personas horribles, solo con unos pocos defectos... no muy diferentes a la mayoría de las familias. ¡Comencé a sentir que mi niñez no resultó ser tan mala cuando en mi programa radial recientemente Ruth Graham, la hija menor de Billy y Ruth Graham, dijo que podía describir su familia como disfuncional también!

Un día, Cathy y mi hija mayor, Christy (para entonces de diecisiete años) tuvieron un conflicto sobre algo que ahora no puedo recordar. Christy estaba arremetiendo contra su madre verbalmente y, para ser sincero, algo de lo que decía era verdad (siempre es difícil para un cónyuge cuando un hijo tiene en parte la razón, pero aun así uno debe respaldar a su cónyuge). Al final, Christy llevó la «discusión» a un punto en donde yo debía intervenir. La envié a su habitación, se dirigió hacia mí y me dijo lo que sentía y pensaba antes de cerrar la puerta de golpe.

Cuando las cosas se calmaron, entré a su habitación, la puerta estaba abierta y pude ver que todavía estaba molesta. La miré a los ojos y le dije: «Christy, sabes que tu madre viene de una familia disfuncional. La Biblia dice que heredamos el pecado desde la tercera o cuarta generación antes de nosotros. Tu madre y yo hemos heredado algunas debilidades pecaminosas de nuestras familias; sin embargo, nunca he conocido a alguien que haya crecido tanto en su fe y personalidad como tu madre». Extendí mis brazos y con mi mano izquierda hice un leve movimiento, luego dije: «Tu madre empezó aquí y ha avanzado hasta aquí», le indiqué con mi mano derecha. «Ella es la *generación de transición* de manera que tú puedas empezar en algún lugar en el centro y avanzar más de lo que nosotros hemos avanzado. Tu madre recibe el golpe del pasado para que tú puedas crecer. Merece que le des honra y gracia por su valentía».

Cuando la miré a los ojos, Christy estaba llorando. De alguna forma nos habíamos conectado. Comprendió que existía un sacrificio muy difícil pero que valía la pena, además de una esperanza increíble, en ser un padre de la generación de transición.

Si estás en esta situación, la vida, y en especial la crianza de tus hijos, te puede parecer difícil, sin embargo el sacrificio que haces por ellos formará un legado sano para las generaciones venideras. El hecho de que tus padres no hayan sido el mejor modelo no significa que no puedes dar grandes saltos en la dirección correcta. Con seguridad, en el camino habrá baches y sufrirás contratiempos a lo largo de la travesía, pero con la ayuda de Dios puedes vencer los patrones familiares negativos.

RECUPERARSE O REPETIR

En medio de un mar de lágrimas, Kari me contó que su padre era alcohólico y que su madre tenía problemas emocionales. Su temor más grande era seguir sus pasos. Kari describió su matrimonio como árido, y dijo que en momentos de tensión, su esposo le decía que era exactamente como su madre. Sus palabras penetraban hasta su alma y desestabilizaban la confianza que tenía en su forma de criar a sus hijos. Con sinceridad, Kari deseaba cambiar y las palabras *generación de transición* le sonaron muy atractivas. Pero, ¿cómo podía hacer que sucediera? Todo parecía tan difícil.

Quisiera tener una varita mágica para Kari. Si tú deseas ser la generación de transición en tu familia, se requerirá el amor de Dios y un deliberado esfuerzo de disciplina en tu vida. Puedes escoger entre recuperarte de lo sucedido en el pasado de tu familia o repetirlo. Si deseas cambiarlo, prepárate para un viaje difícil, sin atajos, pero no pierdas la fe al saber que muchos padres han escogido romper la cadena de disfun-

> **Puedes escoger entre recuperarte de lo sucedido en el pasado de tu familia o repetirlo.**

ción en sus familias y han tenido éxito. En última instancia, todos escogeremos el *dolor de la disciplina* o el *dolor del arrepentimiento*. Doy un voto a favor de la disciplina.

La Biblia tiene buenas y malas noticias sobre el pecado generacional. Cuando Moisés descendió del monte Sinaí con las tablas que contenían los Diez Mandamientos, el Señor pasó delante de él y proclamó: «El Señor, el Señor, Dios clemente y compasivo, lento para la ira y grande en amor y fidelidad, que mantiene su amor hasta mil generaciones después, y que perdona la iniquidad, la rebelión y el pecado [*esta es la buena noticia*]; pero que no deja sin castigo al culpable, sino que castiga la maldad de los padres en los hijos y en los nietos, hasta la tercera y la cuarta generación [*esta es la mala noticia*]» (Éxodo 34:6-7).

Básicamente, lo que este texto nos dice es que hay abundante gracia, misericordia, perdón y una vida nueva para aquellos que invocan el nombre de Dios, pero también hay una herencia de iniquidad (pecado) que viene de nuestras familias predecesoras aun hasta la tercera y cuarta generación. Esto puede desanimarnos, pero el hecho de que podemos tomar la decisión de cambiar el legado de aquí en adelante sigue en pie. No dudo que tú puedes vencer los patrones familiares negativos y cambiar la dirección de tu familia y de las generaciones venideras.

> **Dios ofrece sanidad no solo para ti, sino también para tus hijos.**

No es que serás castigado por cada pecado que tus padres cometieron, pero a menudo tendrás el desafío y la influencia de las *debilidades y tendencias pecaminosas* de sus vidas. El reto inherente es asegurarte de romper con tu propio pecado generacional en lugar de continuar en él. Por ejemplo, existe alcoholismo en ambos lados de mi familia. Esto quiere decir que existen altas probabilidades de convertirme en alcohólico. Tengo la elección de revertir o repetir, así que he decidido no beber. Para ser franco, desde mi punto de vista, beber una copa de vino en la cena no es pecado, pero escojo no beber. En una boda donde hay champán, levanto la copa y luego la bajo sin tocarla con mis labios. Hago esto por tres razones: Christy, Rebecca y Heidi Burns, mis hijas. Debido a la predisposición generacional al alcoholismo, no corro el riesgo de convertirme en un alcohólico. Así que no bebo y, en lugar de eso, escojo ser un modelo de esa disciplina para mis hijas.

Vemos los mismos tipos de patrones con otros hábitos, aun en los aspectos de la personalidad. Si la madre tiene una inadecuada imagen de sí misma, las probabilidades de que sus hijos la imiten son altas. Si los padres tienden a decir mentiras en casa, los niños también mentirán. Estoy profundamente agradecido que las Escrituras nos adviertan que si continuamos con los patrones de pecado generacional, experimentaremos sus consecuencias. *Sin embargo*, no necesitamos hacer eso. La Biblia es clara: Dios ofrece sanidad no solo para ti, sino también para tus hijos. La regeneración transforma el alma humana de forma tan radical que «¡lo viejo ha pasado, ha llegado ya lo nuevo!» (2 Corintios 5:17). Quizá esto no ocurrirá en un instante, pero Dios es siempre fiel para cumplir sus promesas.

CÓMO VENCER LOS PATRONES FAMILIARES NEGATIVOS

1. ADMITE TU DEBILIDAD

El primer paso para vencer los patrones familiares no saludables es examinar los problemas que invaden tu vida y traer esa debilidad ante Dios. A menudo tomamos conciencia cuando vemos el pasado. A veces me pregunto: «¿Por qué actué (o reaccioné) de la manera que lo hice?». Cuando me detengo a pensar en ello, siempre encuentro la respuesta.

Debemos ver nuestra debilidad como un signo de fortaleza, no de flaqueza.

Hace mucho tiempo, Dan Chun, un buen amigo mío y pastor en Honolulú, deseaba contratar a un pastor para el ministerio juvenil de su iglesia y me llamó para que le diera algunas sugerencias. Le di dos nombres: uno era un verdadero obrero estrella, el otro todavía no había sido probado. Dan no se decidió por el obrero estrella. Cuando le pregunté por qué, me dijo algo que no olvidaré: «Ese obrero actuó como si nunca hubiera sentido debilidad. Solo contrato gente con debilidad para ministrar a mi congregación».

Debemos ver nuestra debilidad como un signo de fortaleza, no de flaqueza. Cuando una persona en verdad tiene quebrado el ego y puede ver los problemas personales desde una perspectiva saludable, esa persona está lista para ser un padre de la generación de transición.

Un hombre me escribió un correo electrónico después de escucharme hablar en el programa de radio sobre la debilidad. Escribió: «La vida en mi familia es miserable. Crecí en un hogar disfuncional horrible, y hoy me doy cuenta de que he imitado a mi familia. Cuando mi madre se desesperaba por atraer nuestra atención, nos gritaba. Ahora, hago lo mismo con mis niños y mi esposa. Recibí su mensaje y fui donde un consejero. Después de dos sesiones, con sinceridad puedo decir que siento estar en el camino hacia una mejor relación con mi familia. El consejero me pidió examinar y tratar mis heridas antes de intentar arreglar los problemas familiares».

Es probable que la vida de este hombre no se haya facilitado de inmediato, de hecho, se puede complicar aun más. En ocasiones, antes de la libertad viene el dolor. Pero al enfrentar su debilidad, este hombre tiene la oportunidad de traer un futuro mejor a su familia. Alguien dijo una vez: «Si no estás creciendo, estás muriendo». Las personas más genuinas y auténticas son aquellas que admiten sus luchas y buscan el perdón y el inquebrantable amor de Dios.

Tracy y Marcus se reunieron conmigo después de una conferencia para conversar sobre los problemas que estaban experimentando con su hijo adolescente. Su hijo atravesaba un período muy difícil de rebelión, el cual los sorprendió pues su niñez había sido bastante tranquila. Cuanto más hablaban, más se hacía evidente que Tracy y Marcus tenían su propia debilidad con la cual debían tratar. Ambos parecían seguir el juego de echarse la culpa el uno al otro, al hijo, al sistema escolar, a otros padres y aun al pastor de jóvenes. Nuestra conversación giraba en círculos.

Finalmente les dije:

—No quiero parecer insensible, pero en los últimos veinte minutos todo lo que han hecho es culparse el uno al otro. ¿Qué pueden hacer para ayudar a su hijo?

Después de un tiempo, Marcus admitió:

—Estoy muy herido y decepcionado.

Tracy tomó su mano y comentó:

—Temes que termine haciendo lo que tú hiciste en tu adolescencia y que tengan el mismo tipo de relación que tuvieron tú y tu padre, ¿verdad?

Marcus asintió con la cabeza, puso sus manos sobre sus ojos y comenzó a llorar. Necesitaba revisar sus propios asuntos antes de que pudiera ayudar a su hijo.

Muchas personas tienen la oportunidad de ser padres de la generación de transición debido a su niñez confusa. Más que cualquier otra cosa desean que sus familias sean saludables y felices, pero deben enfrentar cada problema imaginable. Además, están tan agotados de la vida en general que no tienen la energía física, emocional y espiritual para hacer cambios. Si tú estás así, toma el tiempo para recibir la ayuda que necesitas con el fin de ser determinante en tu vida y en la de tu familia.

Los primeros tres pasos del programa de doce pasos para rehabilitar a un adicto también se pueden aplicar a cualquier persona. Te los describo en mis propias palabras:

1. No lo puedo hacer yo solo. Estoy arruinado.
2. Cristo puede y me ayudará cuando recurra a él.
3. Debo renunciar a mi voluntad y seguir la de Dios.

Al reconocer estas verdades, estamos en buen camino para ser parte de la generación de transición.

2. DESARROLLA EL VALOR PARA HACER CAMBIOS

Sin duda, como habrás experimentado, es muy fácil agotarse y desanimarse cuando se trata de criar a los hijos de manera correcta y tomar decisiones en cuanto a nuestras relaciones. Carecemos de la energía necesaria para hacer lo que Reinhold Niebuhr enseñó en la que ahora es su famosa oración: «Señor, dame la serenidad para aceptar las cosas que no puedo cambiar, valor para cambiar las cosas que puedo y sabiduría para poder diferenciarlas». Los cambios de la vida primero requieren lo que Gary Smalley llama «autocuidado» y Bill Hybels llama «autoliderazgo». Estos sobresalientes líderes nos presentan el desafío de dejar espacio en la agenda de nuestras vidas ocupadas para prestar atención a nuestra propia alma de manera que tengamos algo para nuestras familias. El Evangelio de Lucas nos da un gran ejemplo de la vida de Jesús. Aun Cristo se levantaba temprano en la mañana y oraba en quietud. Luego regresaba y experimentaba la comunidad con sus seguidores, personas que brindaban lo que yo considero una relación que reabastece. Solo entonces, Jesús estaba listo para hacer su ministerio.

Para cualquier padre o madre, su ministerio es criar a sus hijos. El problema es que tendemos a descuidar nuestra propia necesidad de quietud y de tener relaciones que reabastezcan, y luego nos preguntamos por qué estamos tan fatigados. Cuando dediquemos tiempo para nutrir nuestras almas estaremos en mejores condiciones para hacer cambios saludables.

Linda dedica una hora temprano en la mañana para caminar. José llega a su oficina temprano, cierra la puerta y lee su *Biblia en un año* antes de aun pensar en el día de trabajo. Janet se reúne en forma regular con un grupo de mujeres en el parque, construye amistades sólidas así como una red de apoyo. Estas tres personas han tomado la decisión de estar saludables; han tomado acciones para crear el espacio necesario en sus vidas.

Bill Hybels escribió sobre el momento en su vida en que necesitó hacer cambios: deseaba que su ministerio, la relación con su esposa y su papel como padre fueran exitosos. Tres consejeros sabios se le acercaron, preocupados por el ritmo acelerado de su vida. Le dieron consejos que son buenos para todos nosotros: «El mejor regalo que le puedes dar a las personas que guías… es una vida saludable, llena de energía, completamente entregada y enfocada. Nadie puede hacer que eso suceda excepto tú. Depende de ti tomar las decisiones correctas para lograr estar en tu mejor momento»[1].

Bill prefirió dar pasos audaces e hizo cambios de vida. Escribió: «Sabía que no había manera en que pudiera seguir en el liderazgo, la enseñanza, la alimentación y el crecimiento de nuestra iglesia si tenía mi interior hecho pedazos y podía escuchar su sonido al quebrarse. Debía dedicar tiempo para reconstruir mi mundo interior si quería permanecer en el ministerio. Con las dificultades que esta era nos presenta, sin los aportes que recibí y la sanidad que obtuve a través de la consejería, no hubiera sido capaz de experimentar un ministerio lleno de gozo»[2].

Desde mi perspectiva, cuando mis días tienen un balance saludable de ejercicio, quietud y tiempo para estar con mis amigos, es cuando estoy en mi mejor momento como padre, esposo y persona que tiene la disposición de seguir la dirección de Dios. Si no tengo mis momentos de quietud e ignoro mis relación con las personas más importantes, como padre, termino tomando decisiones en debilidad en lugar de fortaleza. Recuerda el meollo del asunto: o el dolor de la disciplina o el dolor del arrepentimiento.

> **Tu demostración de valentía les servirá a tus hijos como modelo de conducta.**

¿En qué ámbitos de tu vida necesitas valor para cambiar? (Las preguntas al final de este capítulo te ayudarán a identificar estos ámbitos problemáticos). Recuerda, no puedes ayudar a tus niños a llegar a un lugar donde tú no has estado. La mejor medida que puedes tomar en su crianza es trabajar primero en tus propios «asuntos». Además, tu demostración de valentía les servirá a tus hijos como modelo de conducta. Por otro lado, si ellos ven que no estás dispuesto a crecer, es muy probable que hagan lo mismo. Los niños hacen lo que ven.

Conozco a una mujer que había batallado con muchos problemas emocionales tal como lo hizo su madre antes de ella. La hija de esta mujer (la tercera generación) seguía sus pasos. La mujer tuvo que tomar la decisión de permanecer en lo mismo o tener la disposición de pedir el apoyo que necesitaba para ayudar a su hija. El día que ella entró a consejería, su hija también lo hizo.

3. ESTABLECE RELACIONES QUE TE REABASTEZCAN

Los padres que representan la generación de transición con regularidad tienen dificultades en sus relaciones dentro y fuera de sus familias. Para empezar, es posible que no tuvieran un modelo de relaciones saludables, aunque también, para muchas personas las relaciones perdurables no vienen de manera natural. A pesar de los obstáculos, muchos tratan de seguir adelante por sí mismos. No estamos hechos para enfrentar solos la enfermedad, las heridas del corazón y las relaciones rotas. Fuimos hechos para estar en comunidad. El consejo de Pablo a la iglesia en Galacia también es apropiado para cualquiera: «Ayúdense unos a otros a llevar sus cargas, y así cumplirán la ley de Cristo» (Gálatas 6:2).

Lo siguiente es una simplificación obvia, pero existen dos tipos básicos de personas: las personas demandantes (PD), que demandan tiempo y energía, y las personas inspiradoras (PI). Siempre tendremos PD en nuestras vidas, pero por fortuna también tendremos PI. Si tienes un miembro de tu familia, un amigo o amiga especial que es demandante no

> **Todos necesitamos tener la intención deliberada de establecer relaciones que reabastezcan.**

quiere decir que debas ignorarlo o ignorarla, quiere decir que debes tener PI alrededor para *reabastecerte* a ti y a tu familia.

Durante mis caminatas matutinas con mi perro Hobie, he observado personas dirigirse a las reuniones de Alcohólicos Anónimos y de Narcóticos Anónimos. Desde la perspectiva de mi experiencia profesional, sé que la mayoría de estas personas tiene una historia detrás de la historia. Sus adicciones los han arruinado, pero aquellos que son saludables asisten a las reuniones vez tras vez porque las personas inspiradoras con las que se reúnen les ayudan a obtener la fortaleza para avanzar un día más.

Todos necesitamos tener la intención deliberada de establecer relaciones que reabastezcan. ¿Tienes alguna relación que te reabastezca? ¿Inviertes por lo menos una vez por semana en relaciones que te dan nuevas fuerzas?

Cada martes me reúno con cuatro de los más increíbles hombres que he conocido. A menudo nos reunimos en la casa de Randy, donde bebemos café, hablamos de cómo ha sido nuestra semana, estudiamos una porción de las Escrituras y pasamos tiempo juntos. De hecho, tengo que conducir mi auto al menos veinticinco minutos de ida y veinticinco minutos de regreso para llegar a la reunión. A veces Cathy me ha preguntado el porqué de mi compromiso de conducir durante casi una hora con el fin de estar con ellos. Pero, en verdad, es una de las mejores formas en que uso mi tiempo en toda la semana. Cada uno de estos hombres es un PI que trae fuerza y valor a mi vida. Me encanta pasar tiempo con ellos. Sus vidas me retan a ser mejor esposo y padre. Mis hijas no los conocen muy bien, pero solo por el hecho de estar alrededor de ellos sé que soy mejor padre y también un esposo más eficiente.

Cada cierto tiempo me reúno con mi buen amigo Jon Wallace por un largo rato. Jon y yo vamos por la vida y nos apoyamos. Por lo general, nos reunimos para almorzar y, a veces, vamos a caminar. Ambos somos personas ocupadas, pero las horas que pasamos platicando sobre los asuntos de la vida son una gran inversión. Estos momentos preciados que pasamos nos reabastecen como esposos, padres y seguidores de Cristo. Estoy seguro de que tienes personas en tu vida que pueden reabastecerte. Quizá este sea el momento de pasar más tiempo con ellas.

Requiere trabajo, concentración y tiempo, pero rodearse de mentores y de gente que nos apoye son los ingredientes clave para ser padres de la generación de transición. Cuando nació nuestra tercera hija, parecía que aquellas tres pequeñas en casa nos habían llevado al límite. Llamamos a una pareja de nuestra iglesia que había tenido éxito en criar a sus tres hijos y les preguntamos si nos podíamos reunir. Nos escuchaban y, en ocasiones, reían al recordar esa etapa en sus propias vidas. Tomaron su rol de mentores muy en serio, y a lo largo de los años lo han seguido siendo y nos han animado.

4. MANTÉN LA PERSPECTIVA ETERNA

Hace poco tiempo conversé con un amigo de Atlanta que es planificador financiero. Me comentó que una de las causas principales del fracaso financiero es la incapacidad de enfocarse verdaderamente en el futuro financiero. El secreto de la planificación financiera, dijo, es prepararse para los próximos treinta años y no para los próximos tres meses o tres años.

A las personas con una mentalidad a largo plazo les va bien en la planificación financiera. Los padres necesitan tener la misma perspectiva. El secreto para perseverar en la crianza de nuestros hijos y ser parte de la generación de transición no está en crear un plan para los próximos tres meses, tres años o aun los próximos treinta años, sino en darnos cuenta de que nuestros esfuerzos formarán un legado para la eternidad.

Pablo tenía esa perspectiva eterna cuando escribió: «Pues los sufrimientos ligeros y efímeros que ahora padecemos producen una gloria eterna que vale muchísimo más que todo sufrimiento» (2 Corintios 4:17). Esta perspectiva lo mantuvo en la dirección correcta. Cuando estamos concentrados en un legado eterno, de forma natural:

- Pondremos en primer lugar lo que va en primer lugar y escogeremos las prioridades correctas.
- Reconoceremos nuestra debilidad.
- Desarrollaremos el valor para hacer cambios.
- Estableceremos esas relaciones que nos reabastezcan.

Hace muchos años, había viajado durante ocho días y había hablado en catorce diferentes lugares. Al final del viaje estaba cansado, solo y desgastado; y por supuesto, ¡mi vuelo a casa se retrasó! Llamé a Cathy para decirle que llegaría más tarde de lo planificado. Eso sucedió antes de los ataques del 11 de septiembre. Por lo general, Cathy y las niñas me saludaban cuando bajaba del avión. Cathy les ponía hermosos vestidos y moños en sus cabellos (¡al final, llegaron a la etapa en que los vestidos y los moños ya no les gustaban!). En este viaje en particular, el avión llegó mucho tiempo después de la hora en que las niñas usualmente se iban a dormir. Una vez aterrizamos, tomé mi equipaje y con lentitud me dirigí a la puerta. Las personas estaban alineadas a ambos lados de las puertas de salida al momento en que nosotros, los pasajeros, salíamos del aeropuerto. De pronto, pude ver que mi hija menor, Heidi, con un paso afuera de la multitud, gritaba: «¡Papi está en casa!». Luego, comenzó a aplaudir (¡por mí!). Se quedó parada y aplaudía una y otra vez mientras yo me abría paso para reunirme con el resto de la familia. ¡Qué ovación! Otros sonrieron y también le dieron al papá de Heidi una ovación. Fue impresionante ver cómo el cansancio desapareció y el gozo y entusiasmo del saludo de Heidi llenó mi ser.

Detente por un momento, cierra tus ojos e imagina que acabas de morir (sé que es un pensamiento extraño, pero una cosa es cierta: todos moriremos algún día). Muchas personas piensan que habrá una luz al final del túnel que las guiará al cielo para estar con Dios. Sin importar lo que en verdad suceda, tu familia estará triste y tú estarás embargado por la emoción. Ahora imagina que entras al cielo y que hay una multitud que te espera (sin duda personas que partieron antes de ti) y que hace dos filas para crear una valla por la cual puedes pasar. De pronto, Jesús aparece en medio del camino y te llama por tu nombre. Luego hace algo increíble: puesto en pie, te da una ovación. Cristo Jesús, nuestro Señor, aplaude por el gozo de tu entrada en la eternidad y la multitud se une a él para darte la bienvenida.

¿Por qué nos concentramos tanto en los problemas del día a día? Cuando lo hacemos no podemos desarrollar una perspectiva eterna. Al momento de ajustarnos a una visión más eterna de la vida, nuestras luchas no desaparecerán, pero nuestra vida sí estará más concentrada en la prioridad correcta: «Ama al Señor tu Dios con todo tu corazón, con todo tu ser y con toda tu mente» (Mateo 22:37).

Podemos, y deberíamos, tomar decisiones para la crianza de nuestros hijos sobre la base de la perspectiva eterna. El amor de Dios por ti y tus hijos no falla y es eterno. Este hecho por sí solo puede cambiar nuestra perspectiva y ayudarnos a desarrollar la estrategia adecuada para criar a nuestros hijos. Tal estrategia nos dará la seguridad que se sustenta en el amor de Dios y no en nuestras tácticas de crianza. Para los que nos consideramos padres de la generación de transición, aquí tenemos un gran recordatorio de la pluma del mismo apóstol Pablo: «Estoy convencido de esto: el que comenzó tan buena obra en ustedes la irá perfeccionando hasta el día de Cristo Jesús» (Filipenses 1:6).

Quizá, todavía te preguntes qué tienen que ver estos dos primeros capítulos del libro con ser padres confiados y criar hijos para que sean adultos responsables. En verdad, ¡todo! No podemos ayudar a nuestros hijos si no perseveramos y hacemos la obra que necesitamos hacer en nuestras propias vidas primero. La disciplina para cambiar es, en ocasiones, difícil de lograr, pero vale la pena para las generaciones por venir. Ahora, comencemos a trabajar en un plan que nos asegure un legado de fe y confianza de generación en generación. Aquellos que están dispuestos a seguir el mapa de ruta deberán aprender ciertas lecciones.

CÓMO VENCER LOS PATRONES FAMILIARES NEGATIVOS

¿Cuál es el punto?

1. ¿Te describirías como un padre de la generación de transición?

2. ¿Cuáles son los mejores y peores rasgos de la manera en que crías a tus hijos?

3. ¿Crees que pudiste haberlos aprendido de tus padres?

El propósito

1. ¿Qué ámbitos de tu propia vida debes trabajar para ser un padre eficiente?

2. ¿Por qué crees que los primeros capítulos de este libro hablan de establecer los fundamentos de una vida saludable en lugar de dar consejos prácticos sobre cómo criar a los hijos?

El plan

1. ¿Cuál de las sugerencias en este capítulo te ayudará más en tu vida y en la crianza de tus hijos? (Encierra en un círculo la sugerencia)

   a. Admite tu debilidad.
   b. Desarrolla el valor para hacer cambios.
   c. Entabla relaciones que te reabastezcan.
   d. Mantén la perspectiva eterna.

2. ¿Qué puedes hacer esta semana de forma específica para trabajar en el aspecto que encerraste en el círculo?

3. ¿Cómo puedes enseñar a tus hijos esta saludable filosofía de vida?

3
LA LECCIÓN DE EL SHEMÁ

UN MAPA DE RUTA PARA SER PADRES CONFIADOS

NADIE LLAMARÍA A MARK Y BECKY «gigantes espirituales», pero con fidelidad asistían a la iglesia y con decisión
animaban a sus hijos para que también se involucraran. Sin embargo, su vida en el hogar no tenía mucho contenido espiritual
ni dirección. A decir verdad, estaban tan ocupados que apenas
tenían tiempo para conectarse como familia, mucho menos para
tener intenciones deliberadas en asuntos espirituales. Mark, en
especial, esperaba que sus hijos (y luego sus nietos) disfrutaran
y crecieran en los valores que él tuvo que aprender pasada su
niñez. El problema era que ya había notado que Jason y Jennifer
no seguían el mismo camino que él esperaba para ellos.

Casi todos los domingos, temprano en la mañana, Mark dis-
frutaba salir con su perro, un Setter Irlandés, para pasear por las
colinas en las afueras de la ciudad. Era su tiempo en la semana

para pensar y reflexionar. Puesto que no tenía un solo momento de paz en el hogar, Mark de verdad se sentía gozoso con un café en una mano y con la correa del perro en la otra. Un día, al estacionar su auto, solo había una persona más con su perro al final del camino. De inmediato la reconoció, era Judith.

Por más que se sentía intrigado por su primera conversación, Mark observó a los alrededores para ver si podía evitarla, pero era demasiado tarde. Ella le sonrió y le hizo un saludo con la mano.

—Hola, Mark, ¿cómo estás? Fue un placer conocerte el otro día. En verdad, estoy disfrutando conocer a Becky. ¡Te casaste con una persona tan adorable!

Mark quería saber más acerca de Judith (cómo es que siempre sabía cuándo aparecer), pero se contuvo y comenzó a platicar sobre los perros.

—Su perro parece amigable y bien entrenado. ¿Cómo lo logró?, ¿fue fácil? —preguntó.

—Ah, me temo que no —contestó Judith con una pequeña carcajada—, pero la quiero. Creo que es como criar hijos. Tienes que hacer las cosas de forma deliberada, requiere mucho tiempo, atención y que seas consecuente con tus acciones. Así les ayudas con sus prioridades y su fidelidad.

Aunque trató de evitarla, ahora Mark estaba interesado por completo en la conversación.

—¿Y qué es lo que también funciona con los chicos? —preguntó.

Judith contestó con una pregunta:

—Mark, ¿has escuchado de El Shemá en la Biblia?

Mark sacudió su cabeza. Estaba lejos de ser un estudiante de la Biblia, pero aun así estaba sorprendido de no haber siquiera escuchado antes esa palabra.

—El Shemá —explicó Judith— es una palabra hebrea del

Antiguo Testamento que quiere decir escuchar u oír. El Shemá es el credo de los hebreos y se encuentra en el sexto capítulo del libro de Deuteronomio. Nos enseña la lealtad a Dios y cómo enseñar fidelidad a nuestros hijos.

Luego se rió y añadió:

—¡Supongo que también ayuda a entrenar a las mascotas!

—Y, ¿qué dice El Shemá? —preguntó Mark.

El semblante de Judith cambió cuando empezó a decir El Shemá tal como lo había recitado cientos de veces:

—"Escucha, Israel: El Señor nuestro Dios es el único Señor. Ama al Señor tu Dios con todo tu corazón y con toda tu alma y con todas tus fuerzas. Grábate en el corazón estas palabras que hoy te mando. Incúlcaselas continuamente a tus hijos. Háblales de ellas cuando estés en tu casa y cuando vayas por el camino, cuando te acuestes y cuando te levantes. Átalas a tus manos como un signo; llévalas en tu frente como una marca; escríbelas en los postes de tu casa y en los portones de tus ciudades".

Judith terminó diciendo:

—El Shemá contiene una de las lecciones más importantes para la familia. Hacer que la fidelidad pase de generación en generación es posible cuando los padres dan el ejemplo al vivir y hablar de su fe auténtica en el ambiente más natural para los hijos: el hogar. Esta sección de la Biblia es de verdad el mapa de ruta para las familias saludables.

Al momento, Judith miró su reloj y, de forma educada, dijo que debía irse.

Mark acercó a su perro mientras veía a Judith irse y desaparecer en el horizonte. Luego, comenzó a reflexionar en lo que acababa de oír. *¿Podría El Shemá ayudar a nuestra familia?* —se preguntó Mark—. *Suena bien, pero ¿cómo podemos usarlo?* Se dirigió a la salida del camino y se preguntó qué otras lecciones podía aquella mujer enseñarles.

SERÍA MUY BUENO tener un mapa de ruta para ser padres confiados. ¿No te parece? Solo seguir «las simples instrucciones» y listo: una familia con pocos problemas y muchos momentos felices. La buena noticia es que existe un mapa de ruta, la mala noticia es que no siempre es fácil seguirlo.

Me gustan mucho las películas como *Piratas del Caribe*, y de otra década, *Indiana Jones y los cazadores del arca perdida*. Me gusta ver al héroe correr para encontrar un tesoro que se ha perdido desde mucho tiempo atrás, a menudo usando solo una pequeña sección de un mapa, y encontrar acción, suspenso y mucho drama a lo largo del camino. En verdad, cuando nuestras hijas se convirtieron en adolescentes, había mucho drama, acción y suspenso en la casa de los Burns, ¡todos los días!

Me pueden gustar las historias donde hay instrucciones y mapas misteriosos, pero Cathy será la primera en decirte que, por lo general, no consulto mapas ni me molesto en conseguir direcciones. Tal como nos sucedió en Virginia, cuando me dijo que girara el automóvil a la izquierda para llegar a nuestro hotel y, sabiendo que era así, di un giro a la derecha y repliqué: «Absolutamente no».

Anduvimos en círculos por toda la ciudad de Roanoke y llegamos al mismo lugar donde habíamos empezado. Entonces, en una manera increíblemente educada, Cathy dijo: «Todo lo que tienes que hacer es girar a la izquierda tal como te lo dije y el hotel está a dos cuadras de la carretera».

Humillado, le respondí: «¿Cómo lo sabes?». Fue entonces que me mostró el mapa que había impreso del sitio web del hotel. Me hubiera ahorrado tiempo, dinero en gasolina y un ego herido si tan solo hubiera escuchado a mi esposa y hubiera seguido el mapa.

Como ya mencioné, cuando se trata de ser padres que honren a Dios, tenemos un mapa de ruta que dirige nuestro camino. Fue creado miles de años atrás y al inicio pasó de forma verbal de una familia judía a otra, de generación en generación. Al final, se escribió en un documento que tiene muchos miles de años de antigüedad. Es probable que sepas que el mapa del que estoy hablando está en la Biblia. Está contenido en el texto más citado en la historia. La mayoría de las personas creerían que el mapa de ruta es Juan 3:16: «Porque tanto amó Dios al mundo» o el Salmo 23: «Aun si voy por valles tenebrosos». Algunos hasta bromean con el verso más pequeño de la Biblia, «Jesús lloró» (Juan 11:35). Aun con lo maravillosos y significativos que son estos pasajes, no son los más citados en el mundo. Esta distinción le pertenece a Deuteronomio 6:4-9, la porción de las Escrituras que el pueblo judío llama El Shemá.

La palabra *Shemá* (que se pronuncia *shə*-MA), como se mencionó antes, literalmente significa en lenguaje hebreo «escuchar» u «oír». Cada día en los hogares judíos ortodoxos, por lo general en la mañana y al ponerse el sol, recitan El Shemá. Se utiliza como una bendición matutina, como una plegaria a la hora de dormir y como una dedicación especial «para bendecir el hogar». Por tradición, todas las personas permanecen en pie para recitar estas palabras muy santas cada Día de Reposo. Aun hoy, se recita en el lecho de muerte y es parte de las principales fiestas y celebraciones del pueblo judío.

El Shemá es tan importante que la mayoría de los eruditos bíblicos dice que quizá fue la primera porción de las Escrituras que Jesús aprendió de niño, aun antes de poder hablar, caminar o leer. Sin duda, la escuchaba todos los días. Efectivamente, más tarde se le preguntó cuál era el mandamiento más importante y, sin dudarlo, recitó partes de El Shemá.

> **El Shemá fue quizá la primera porción de las Escrituras que Jesús aprendió de niño.**

EL SHEMÁ Y TU FAMILIA

El Shemá está en el centro de toda enseñanza de la Biblia y nos muestra, aún muchos siglos después, cómo formar un legado de fe que se transmita de generación en generación. Nos brinda tres lecciones fundamentales para el hogar:

1. La lealtad a Dios.
2. La transmisión de nuestra fe y amor a nuestros hijos.
3. El mantenimiento de una constante atención en las enseñanzas de Dios.

El hogar es donde los niños deben aprender la fidelidad y entrega a Dios. Deben verlo de manera viva y auténtica en sus padres. Nadie es perfecto, pero es crucial vivir una vida fiel en forma deliberada. Antes de que se escribiera El Shemá en Deuteronomio, los hebreos se distraían con muchos dioses. Y aun cuando su mensaje se mantenía como una tradición oral, la declaración del pueblo hebreo era que solo existía un Dios, Yahveh o Adonai. Cuando los hebreos utilizaban el nombre propio de Dios, *Adonai*, prometían exclusiva fidelidad a Dios. Él es el Señor, y nosotros debemos amarle con toda nuestra vida.

«Ama al Señor tu Dios con todo tu corazón y con toda tu alma y con todas tus fuerzas», dice El Shemá, y Jesús lo citó cuando declaró cuál mandamiento era el más importante. Con estas palabras, hizo un resumen del significado de la fe y la vida. La lealtad a Dios requiere obediencia. Las familias de hoy se pueden distraer y dejar de poner lo primero como *lo primero*. Enseñar a nuestros hijos a ser fieles a Dios es la piedra angular de ser padres. Me gustan mucho las clases de piano, las buenas calificaciones y los equipos de béisbol, pero mi prioridad de enseñar a mis hijos el verdadero carácter y la fidelidad a Dios es muy superior a las actividades temporales.

Los estudios muestran que el lugar más eficaz para comunicar la verdad del amor de Dios y la obediencia es el hogar.

Los siguientes dos versículos de El Shemá nos enseñan cómo transmitir fe y valores a nuestros hijos:

Grábate en el corazón estas palabras que hoy te mando. Incúlcaselas continuamente a tus hijos. Háblales de ellas cuando estés en tu casa y cuando vayas por el camino, cuando te acuestes y cuando te levantes.
(vv. 6-7)

En otras palabras, los padres deben tomar el liderazgo en enseñar a sus hijos a ser fieles a Dios. Desde luego, la iglesia tiene su rol, pero los padres deben apropiarse de la transmisión de la fe a la siguiente generación. No hay

> **El primer nivel de influencia en la espiritualidad es el padre, y luego la iglesia.**

nada más importante. Dado que esto puede ser incómodo para muchos de nosotros, tendemos a esperar que la iglesia haga el trabajo. La iglesia está para ayudarnos, pero la responsabilidad primaria de tomar el liderazgo recae en los padres. Muchos padres tienen la motivación correcta pero carecen de las prioridades adecuadas para tomar esa responsabilidad. Hace poco una mujer me dijo: «Hemos gastado nuestro tiempo y energía en ayudar a nuestros hijos a ser excelentes en la escuela y en los deportes. Cuando leí este pasaje me di cuenta de que ni la educación, ni las finanzas ni la recreación aparecían como las prioridades». Todos los aspectos que ella mencionó son importantes, pero, de acuerdo a El Shemá, la enseñanza de fe, carácter y valores es más importante.

Mi amigo Doug es pastor de jóvenes en Nashville. Cuando llegó por primera vez a su nueva iglesia, un líder acaudalado de la congregación ofreció pagarle por pasar tiempo de discipulado con su hijo de trece años. Doug le preguntó por qué no lo hacía él mismo, a lo cual el padre le respondió: «Estoy muy ocupado, pero le pagaré para que lo haga». Doug le dijo: «No deseo su dinero y no pienso que sea mi trabajo discipular a su hijo. Sin embargo, pasaré tiempo con usted cada semana de manera que *usted* tenga los recursos para discipularlo».

Al principio aquel hombre se sintió profundamente ofendido y enojado. Se reunió con el pastor principal (el jefe de Doug) para quejarse de que este no estaba haciendo su trabajo. El pastor le ayudó a entender que, en efecto, el primer nivel de influencia en la espiritualidad es el padre, y luego la iglesia. El pastor también le mostró el pasaje de Deuteronomio del cual hemos hablado. Por fortuna, esta historia tuvo un final feliz. El padre, con humildad, se disculpó con Doug, y juntos desarrollaron un plan para el crecimiento espiritual del joven. Fijaron eventos que sirvieron de ritos de transición así como enseñanzas basadas en experiencias que se convirtieron en un modelo a seguir para otros en la iglesia.

Átalas a tus manos como un signo; llévalas en tu frente como una marca; escríbelas en los postes de tu casa y en los portones de tus ciudades.
(vv. 8-9)

¿Cómo se preserva y garantiza el amor a Dios en el hogar? Con acciones deliberadas. Los niños deben aprender a ejercitarse de continuo en las verdades de Dios y sus caminos. Los hebreos entendían esa parte de El Shemá como una ordenanza a colocarse filacterias (pequeñas cajas que contenían escrituras) en sus frentes y en su brazo izquierdo. La cabeza representa practicar la presencia de Dios en nuestras mentes y las manos representan traer la presencia de Dios a nuestras obras. Para los jóvenes solo recitar El Shemá representaba aceptar sin reservas el reino de Dios en sus vidas. Para los cristianos de hoy, significa aplicar nuestra fe y nuestros valores en todos los ámbitos de nuestra vida y hacerlos parte natural de nuestra existencia diaria.

Los hebreos también ponían un estuche especial llamado mezuzá en los pórticos de las puertas que representaba la presencia del amor de Dios en el hogar y la dedicación de la familia al Señor. ¿Adivina que se encontraba dentro del mezuzá? Correcto, El Shemá. Es obvio que no hay nada mágico en un símbolo de madera o de metal en los pórticos, pero la idea central de que el Señor está presente en el hogar es un hermoso recordatorio de su presencia diaria en cada ámbito de nuestras vidas.

Años atrás existió un poderoso librito; su autor fue el hermano Lorenzo, un monje que vivió en otra generación. El título era *La práctica de la presencia de Dios.* La idea de este libro era lo que en esencia el hermano Lorenzo había aprendido a lo largo de su vida: podemos tener el hábito de experimentar la presencia de Dios mientras realizamos las actividades más terrenales.

En muchos sentidos, los padres tienen la responsabilidad y el privilegio de traer la presencia de Dios al hogar y permitir que él permanezca ahí de manera que los hijos le conozcan y deseen seguirle. ¿Existe algún método fácil para lograr esto? No, no en verdad. Como ya dije, depende mucho de si actuamos de manera deliberada.

EL CREDO DE JESÚS

Cuando estudias la vida de Jesús, comienzas a ver que El Shemá está en el centro de su enseñanza y ministerio. La mayoría, si no todas las personas que escuchaban a Jesús citar El Shemá, lo había repetido todos los días. Luego, Jesús hizo algo radical cuando agregó una frase que no estaba en El Shemá pero sí en Levítico. Aquí te presento la historia. Los judíos expertos en las Escrituras querían probar a Jesús con varias declaraciones de las mismas, y uno de los líderes hizo la siguiente pregunta:

> —*Maestro, ¿cuál es el mandamiento más importante de la ley?*
> —*"Ama al Señor tu Dios con todo tu corazón, con todo tu ser y con toda tu mente" —le respondió Jesús—. Éste es el primero y el más importante de los mandamientos. El segundo se parece a éste: "Ama a tu prójimo como a ti mismo". De estos dos mandamientos dependen toda la ley y los profetas.*
> *(Mateo 22:36-40)*

Jesús hizo un resumen de toda la ley y los profetas con dos frases: «Ama a Dios» y «ama a tu prójimo». Scot McKnight lo llama el credo de Jesús[1]. Cuando Jesús enmendó El Shemá del judaísmo al agregar la declaración sobre el amor a nuestro prójimo, es probable que la multitud que lo escuchaba se quedara en silencio. Así como muchos expertos, pienso que esto es un resumen perfecto de cómo vivir la vida cristiana. Lo puedes considerar el resumen por excelencia de la Biblia y las enseñanzas de Jesús.

Cualquiera que quiera entender lo que Jesús quiso decir con crecimiento espiritual, debe empezar con El Shemá y con el credo que el estableció el cual se encuentra en Mateo 22:36-40. En estas pocas oraciones se nos dan instrucciones directas de lo más importante de nuestro trabajo como padres. Se nos dice que quien establecerá la fe en los hijos son los padres. Se nos dice también cómo y dónde debemos enseñar y entrenar a nuestros hijos en los caminos de Dios, ese lugar es el hogar. Y se nos dice que debemos enseñar el amor a Dios y el amor a los demás.

UN PLAN DE DISCIPULADO

La mayoría de los padres no tiene una estrategia para la formación espiritual de sus hijos. Dejamos al destino su vida espiritual, su entrenamiento y la mayordomía de lo que han recibido. Dejamos que las circunstancias y las casualidades decidan. Cuando pensamos en entrenar a los hijos para que crezcan espiritualmente (lo cual, en esencia, afecta el resto de los ámbitos de su vida), debemos pensar en el discipulado.

Me doy cuenta de que muchas personas asocian la palabra *discipulado* con el quehacer pastoral, en lugar de asociarlo con los padres; esto se debe a que durante generaciones la mayoría de los padres ha entregado la tarea de la formación espiritual de los hijos a alguien más. Los estudios muestran que las personas más influyentes en la vida de un niño son sus padres. Es irónico que en nuestra sociedad no sean los padres los que tomen la iniciativa de enseñar aspectos fundamentales como la educación sexual, la prevención contra el uso del alcohol y las drogas, el cuidado de lo que los niños ven en los medios de comunicación, la mayordomía financiera y, por supuesto, el entrenamiento espiritual. Los padres pocas veces se ven a sí mismos como los que deben discipular cuando, en verdad, nadie puede igualar su influencia espiritual sobre los hijos.

El discipulado es parte de una relación en la cual los padres enseñan y ayudan a desarrollar carácter en sus hijos. Pablo describe esto a Timoteo: «Lo que me has oído decir en presencia de muchos testigos, encomiéndalo a creyentes dignos de confianza, que a su vez estén capacitados para enseñar a otros» (2 Timoteo 2:2). Como padre o madre retienes lo que has aprendido y lo que seguirás aprendiendo para luego ofrecer ese conocimiento a tus hijos. Si consideras que tu rol de padre se limita a ser un supervisor de la seguridad, un salvavidas, un conductor de taxi o un profesor, la visión de tu rol es muy pobre.

Para discipular a tus hijos, necesitas un plan, uno que sea parte vital de todo el plan general de crianza. Cada hijo es único y, por desgracia, no existe una solución que se ajuste a «todos los tamaños». Necesitas un plan personal, práctico y específico para cada hijo.

DISCIPULADO HECHO A LA MEDIDA

El discipulado ayuda a tus chicos a convertirse en adultos responsables, que desarrollen su propia fe, sus propios valores y aprendan a escuchar el llamado de Dios para sus vidas. En ocasiones, los padres se sienten decepcionados porque sus hijos no crecen en la dirección que ellos esperan. Hace un año, en una conversación con Christy le dije: «Christy, al cumplir veintidós años no te convertiste en lo que yo esperaba». Hice una pausa para que comprendiera mis palabras. «Te convertiste en tu propia persona. Tienes un nivel de fe, personalidad y llamado diferentes de lo que yo soñaba para ti. ¿Y sabes qué? Estoy muy feliz de que así sea. Amo la persona en la que te has convertido».

Cada seis meses, Cathy y yo nos tomamos la mitad del día para platicar de nuestras hijas. Observamos la vida de cada una de ellas (una por una) y discutimos qué es lo que deberían aprender en los próximos seis meses. ¿En qué ámbitos de su vida necesitan mejorar? ¿Qué experiencias deberíamos tener con ellas? Y cosas semejantes. La meta es discipular, no controlar.

A medida que nuestras hijas crecen en edad, sus necesidades se vuelven más diversas. Por ejemplo, Cathy y yo nos dimos cuenta de que, aunque habíamos tratado de ser modelos de una vida de mayordomía financiera para dar a los demás, no habíamos hecho el esfuerzo deliberado de hablar sobre ese ámbito en sus vidas. En una ocasión, habíamos estado orando por los misioneros y decidimos dar una contribución financiera para ellos en nuestra iglesia, pero no incluimos a nuestras hijas en el proceso de toma de decisiones. Al final del año, teníamos quinientos dólares extras para dar. En la cena, le di a cada miembro de la familia cien dólares y les pedí que oraran para saber el lugar o la persona a quien les gustaría dar ese dinero. La siguiente noche, en la cena, hablamos de nuestra decisión. Las chicas estaban emocionadas, quizá más por tener los cien dólares en sus manos que por darlos; sin embargo, yo estaba convencido de que el experimento valdría la pena.

Al día siguiente cuando conversamos mientras comíamos en la mesa, Cathy mencionó una necesidad especial que tenía nuestra iglesia. Yo hablé de algunas personas en África, mientras Rebecca quería dar sus cien dólares para nuestra obra en Ecuador y nos instó a que también diéramos nuestro dinero para ese fin. Heidi olvidó lo que íbamos a hacer esa noche y por un momento se preocupó pues ¡creyó haber perdido el billete de a cien! Por su parte, Christy hizo una emotiva petición para dar el dinero a un proyecto que beneficiaría a los indigentes en San Diego. Para ese entonces, ella estudiaba en la Universidad Nazarena en Point Loma, y había visto en primera fila el servicio especial a la comunidad que incluía dar frazadas y repartir comida en Navidad. Miró a su hermana menor, Heidi, y le dijo: «Necesito que me des ese dinero porque tú no tienes idea de qué hacer con él». Esos fueron cien dólares fáciles de conseguir, luego logró obtener el dinero de Cathy, más cincuenta dólares de mi parte (dije que fue una petición emotiva). Al final, terminamos enviando el resto del dinero a África, y Cathy pudo encontrar otra manera de ayudar a suplir la necesidad en la iglesia. Esta experiencia resultó ser un poco costosa, pero la participa-

> **Cuando se refiere a discipulado, las lecciones de vida no se enseñan, se adquieren.**

ción de las chicas cambió la manera en que dábamos y esperamos les haya brindado una enseñanza para toda la vida.

Cuando se refiere a discipulado, las lecciones de vida no se enseñan, se adquieren. A veces, como padres, tomamos el camino más fácil y simplemente les damos un sermón. Esa es la manera menos eficaz. Entrenarlos y acompañarlos sobre la marcha es el mejor estilo de discipulado. Aquí te presento un método fácil de recordar lo concerniente al discipulado:

Lo hago… tú miras.
Lo hago… tú lo haces.
Tú lo haces… yo te ayudo.
Tú lo haces.

Estos pasos en progresión se llaman «las cuatro fases de lo fácil». Es un método grandioso para enseñar y entrenar a los chicos sobre aquellos asuntos y aquellas experiencias importantes. Muchas veces tratamos de adelantarnos en algún paso del entrenamiento, pero es ahí donde nos metemos en problemas. Aquí es donde nos damos cuenta de que cada fase tiene un rol crucial en el proceso. Alejas a tus hijos de la dependencia a ti y los llevas a la independencia. Toma tiempo y requiere intencionalidad.

Es probable que *lo hago… tú miras* requiera más tiempo del que te tomarías si hicieras las cosas tú solo. Haz que tu hija vea y explícale con paciencia lo que haces, así la preparas para la próxima fase. *Lo hago… tú lo haces* involucra hacer algo juntos. Esto puede ser tan simple como cambiarle el aceite al auto o enseñar juntos en la Escuela Dominical. Para el padre o la madre que desea tener el control, la tercera fase es muy difícil: *Tú haces… yo te ayudo*. En esta fase tu hija hace las cosas o las experimenta; todavía necesita de tu apoyo y sabiduría pero ahora está en sus manos. Quizá no lo haga como tú quisieras, pero en la mayoría de los casos, en verdad, eso no importa. Al fin, tu hija está lista para la última fase: *Tú lo haces*. En la última fase ella está a sus expensas, pero está preparada para la experiencia y posee más sabiduría.

Ve y pon en práctica estas fases, escoge actividades apropiadas para la edad de tus hijos, tales como: los quehaceres domésticos, cocinar, orar, servir, reparar, usar una chequera, ofrendar o dirigir los devocionales familiares. La lista es interminable. El discipulado confeccionado a la medida requiere paciencia, pero los resultados valen la pena.

TRAER EL SHEMÁ AL HOGAR

Unos cuantos años atrás, nuestra familia visitó Israel durante la celebración de la Pascua judía. Era el mejor momento para visitar Tierra Santa debido a toda la preparación, adoración y tradiciones familiares que se dan en ese tiempo sagrado del año. Sé que lo que hice parecerá impertinente, pero me encantó caminar por las calles de la vieja Jerusalén y echar un vistazo hacia dentro de las casas que tenían sus puertas abiertas para ver cómo familia tras familia recitaba sus credos. Las familias edificaban sobre las tradiciones y los rituales de su fe. Al ser testigo de sus tradiciones, tuve el deseo de que los cristianos tuviéramos más de ese tipo de tradiciones en nuestros hogares con el fin de enseñar nuestra fe a nuestros hijos. Al caminar por aquellas calles, recordaba que esas personas estaban poniendo en práctica los antiguos mandamientos de El Shemá. Hacían lo que la Biblia les decía hacer: seguían el mapa de ruta que se encuentra en los textos antiguos. La versión de la Biblia *The Message* dice: «Escriban los mandamientos que les he dado hoy en su corazones. Pónganlos dentro de ustedes y dentro de sus hijos. Hablen de ellos dondequiera que estén, sentados en la casa o caminando en la calle» (Deuteronomio 6:6-7, paráfrasis del texto según The Message en idioma inglés).

Hablemos en forma práctica: ¿cómo funciona esto? Una vez más, no sucederá sin intencionalidad. Las ideas que vienen a continuación te ayudarán a comenzar. Recuerda que cada uno de tus hijos tiene una forma diferente de asimilar las experiencias de aprendizaje; ningún hijo hace lo mismo con exactitud. No esperes que tus hijos estén entusiasmados todo el tiempo cuando impartas la formación espiritual. Cuando están pequeños, tienden a disfrutar más de la formación espiritual que cuando están en sus años de adolescencia. Sin embargo, establece tradiciones y trata de mantener cada experiencia de aprendizaje lo más breve y divertida como te sea posible. Un amigo mío, con una fascinación por los chocolates, a menudo dice: «Nuestra meta es darle a nuestros hijos ese grado de fascinación por la fe».

En el tiempo de comida. Ese es un gran momento para la interacción de la familia. Durante la comida, lean las Escrituras, oren, expresen una petición de oración y enciendan una vela para recordar a un ser amado. Hoy en día, existe una gran variedad de recursos para que le des a tu familia un tiempo de interacción alrededor de la mesa. Conozco una familia que a diario realiza sus devocionales durante el desayuno. Otra familia memoriza versículos de la Biblia en el desayuno durante toda la semana y celebran la mañana del sábado con un manjar de rosquillas. De nuevo, el mejor consejo es que ese tiempo sea ameno, breve y no complicado, es decir, el ABC.

> **El buen discipulado tiene dos vías de comunicación, no solo una.**

Antes de ir a dormir. Descubrí que el tiempo antes de dormir era siempre una gran oportunidad para la comunicación y el crecimiento espiritual. Nuestras hijas parecían estar más apacibles y listas para charlar. El buen discipulado tiene dos vías de comunicación, no solo una. A cierta edad, leíamos juntos *Las crónicas de Narnia* de C.S. Lewis. Los libros de historias son buenos para los hijos pequeños; salir de casa es mejor con los más grandes. Cuando mis hijas estaban pequeñas, trataba de orar con ellas cada noche antes de ir a dormir. Antes de apagar las luces, tenía la costumbre de hacer con mis manos el símbolo de la cruz en sus frentes. Hace poco, una noche, mi hija de veintitrés años estuvo de visita en casa; toqué la puerta de su dormitorio mientras leía antes de quedarse dormida. Oramos juntos y entonces tomó mi mano para que le hiciera el símbolo de la cruz en la frente. Me sorprendió que aún quisiera hacer eso. Era obvio que una costumbre del pasado que parecía no tener tanta importancia en aquel tiempo todavía la tenía para ella.

En el automóvil. La Biblia habla de enseñar cuando andamos por el camino, pero en la vida moderna lo más probable es que sea cuando andes en tu automóvil. Este es un gran momento para la comunicación o simplemente para escuchar cuando tus hijos hablen. Cuando llevaba a mis hijas y sus amigos en mi auto, me quedaba en silencio, bajaba el volumen de la música, y solo escuchaba y aprendía. Cuando están pequeños puedes poner música que ellos puedan cantar. Hoy en día tenemos un mundo de excelentes recursos al alcance de nuestras manos con los discos compactos de música cristiana, dramas y libros en audio. Los niños a menudo aprenden mejor cuando *ellos* hablan, no cuando *tú* hablas. Utiliza ese tiempo en el camino para tener buenos tiempos de diálogo.

Los días de diversión familiar. Todo lo que se refiere a Dios no tiene por qué ser serio. Nuestra familia escogió tener un día de diversión familiar una vez al mes. Cada chica tomaba su turno para escoger alguna actividad, dentro de lo razonable por supuesto. Saber que al menos una vez al mes detendríamos las actividades rutinarias y que nos concentraríamos los unos en los otros, nos hacía esperar esos momentos con entusiasmo. Un verano, pasamos todo un día en la Isla Catalina, a las afueras de la costa de California. Asistimos a un juego profesional de béisbol y nos dirigimos a Hollywood para caminar a lo largo del Bulevar Hollywood y Beverly Hills, a la espera de ver a alguna estrella de cine. No creo que hayamos visto alguna, pero ese día permanece como un recuerdo especial para todos nosotros.

Días festivos. Cathy tiene un don para hacer que los días festivos sean algo especial. Tenemos muchas tradiciones que se han vuelto parte de nuestra familia. Siempre hay regalos especiales con significado espiritual en Navidad y Semana Santa. Hacemos obras de servicio en el Día de Acción de Gracias y Navidad. Desde hace veinte años, aproximadamente, hemos ofrecido una cena especial en la víspera de Navidad para cualquier familiar o amigo que desee acompañarnos. Acostumbramos ofrecer comida china y, hasta el año pasado, cuando ya no había suficientes niños pequeños, hacíamos un pequeño drama sobre la historia de la Navidad. Enfócate en las tradiciones que son significativas para tu familia. Por ejemplo, nosotros, al celebrar los cumpleaños, tenemos la tradición de decir las razones por las cuales estamos agradecidos por el cumpleañero. Es una excelente manera de involucrar a toda la familia.

Vacaciones. Haz que las vacaciones sean especiales. Hemos descubierto que nuestras hijas están más dispuestas a tener un devocional diario al estar de vacaciones, siempre y cuando sea breve. Conozco algunas familias que han comenzado a tener más vacaciones con propósitos espirituales. Esto quiere decir que participan en campamentos cristianos o van como familia a viajes misioneros[2].

En general, la lección de El Shemá es crucial para ser padres confiados. En la mayor parte del tiempo no resulta fácil aplicarlo, sin embargo, trabajar en el crecimiento espiritual de forma intencional y dentro del horario de tu familia es crucial para todos los demás componentes de tu plan para criar a tus hijos. No puedes vivir El Shemá si vives a un ritmo acelerado, y de eso hablaremos en el próximo capítulo.

MAPA DE RUTA PARA SER PADRES CONFIADOS

¿Cuál es el punto?

1. ¿Qué es lo que hace de El Shemá, tal como se describe en este capítulo, un mapa de ruta atractivo para tu familia?

2. Cuando lees el pasaje de Deuteronomio 6:4-9, ¿qué aspecto te parece más importante para tu familia?

El propósito

1. Muchas personas dirían que El Shemá refleja el propósito de la vida y de ser padres. ¿Cómo puedes incorporar esto en el propósito de tu propia familia?

2. ¿Qué te detiene?

El plan

1. ¿Qué pasos puedes dar esta semana para traer el corazón de El Shemá a tu familia?

2. ¿Qué resultados esperas de tus pasos prácticos?

LA LECCIÓN DEL DÍA DE REPOSO

CÓMO REABASTECER VIDAS DEMASIADO OCUPADAS

LAS ACTIVIDADES COMENZARON MUY TEMPRANO el sábado por la mañana porque Jason tenía que participar en un torneo de fútbol fuera de la ciudad y el primer juego iniciaba a las ocho en punto. El problema era que Jennifer tenía una presentación de danza a las diez y en verdad deseaba que sus padres estuvieran ahí, pero Mark ya se había comprometido a llevar una parte del equipo de fútbol al torneo.

Era una semana típica para la familia. Mark y Becky estaban tan ocupados que se irían a dormir a diferentes horas y apenas tendrían tiempo para conectarse entre sí durante el día. Su ritmo de vida los estaba absorbiendo. Becky veía cómo su familia giraba fuera de control y se sentía paralizada en la toma de decisiones, incluso la del conflicto del momento: cómo hacer que todo saliera bien el sábado en la mañana. Mark sabía que desilusionaría a su hija pero se sentía responsable de llevar a los chicos al torneo. Becky estaría con Jennifer. No obstante, una vez más la familia tomaría caminos separados hasta la tarde.

Becky llevó a su hija a la presentación y se dio cuenta de que todavía tenían una hora más antes de empezar el programa. Había un parque en los alrededores y decidió tomarse un tiempo para pensar y disfrutar del aire libre. Se dirigió a una banca desde la cual se podía divisar un pequeño lago; en eso se dio cuenta de que Judith estaba sentada cerca de ella. Aunque quería pasar un tiempo a solas, su corazón saltó cuando vio a su amiga. Se cruzaron miradas y se sentaron juntas. Para asombro de Becky, Judith le tenía lista una taza de su café favorito.

Judith preguntó cómo le iba a ella y a su familia, y mencionó a los chicos por sus nombres. Becky le contó sobre su frenética semana y la locura del día que les esperaba.

Con el lago por delante, Judith externó un comentario interesante sobre la cultura moderna; parecía ser la interpretación de alguien que veía las cosas desde afuera.

—A menudo las familias se envenenan con la hipnótica creencia de que las buenas cosas solo vienen cuando están llenas de incesante actividad —dijo.

Prosiguió con un suspiro:

—Y por la falta de descanso, las vidas y las almas de las familias están en peligro.

—Describes a mi familia con exactitud —exclamó Becky, con su mirada fija en el lago.

—Sucede en la mayoría de las familias —respondió Judith.

—¿Existe alguna solución? —preguntó Becky con interés.

—Sí, para aquellos que tienen el valor de ir en contra de la corriente de la cultura y encontrar tiempo para recibir reabastecimiento de nuevas energías —respondió Judith mientras la miraba con compasión.

Becky hizo una pausa antes de responder.

—La última vez que platicamos, ¿mencionaste una enseñanza de la Biblia para encontrar paz en una vida demasiado ocupada?

—Sí, de hecho, se encuentra en lo que muchos llaman los Diez Mandamientos.

—¿De veras?, ¿en cuál? —preguntó Becky un poco sorprendida.

—Recuerda el Día de Reposo para santificarlo —contestó Judith con una sonrisa.

—Pero, ¿no era solo para los judíos en el tiempo del Antiguo Testamento? —preguntó Becky.

Otra vez, Judith le brindó una sonrisa que revelaba conocimiento y luego le explicó:

—La palabra *Sabbath* literalmente significa descanso. Hoy en día, muchas familias tienen una gran necesidad de descanso. Están tan ocupadas haciendo cosas «buenas» que han perdido el camino para llegar a las cosas mejores. La lección del Día de Reposo es que con empeño encuentres un ritmo de vida que te permita descansar y restaurar tu alma y la de tu familia.

Becky podría haber hecho preguntas durante horas, pero se dio cuenta de que era hora de irse a la presentación. Aun así, necesitaba pensar sobre esto. Sabía que la lección era para ella, pero no sabía qué hacer al respecto. Al marcharse, vio que Judith alimentaba a unos patos y le preguntó: «¿Dónde vives?».

Una vez más con una sonrisa, le respondió: «Ah, estoy cerca».

EL DOCTOR RON BENSON es un pediatra sabio de quien se dice fue formado en «la vieja escuela». De hecho, quienes lo conocen dicen que se interesa tanto en sus pacientes al grado de llamarles por teléfono a sus casas. A veces, la sala de espera de su clínica se llena más de lo usual, ya que se toma el tiempo para leerles historias a los niños. Hay tanta paz y seguridad en Ron, lo cual resulta increíblemente refrescante en el mundo acelerado de hoy.

Una vez, el doctor Ron me contó una historia de una mujer llamada Ruth que se le acercó pues creía que su hijo padecía trastorno de déficit de atención e hiperactividad (TDAH). Ruth, me explicó, era esposa de un pastor que tenía tres niños muy activos de catorce, doce y ocho años. Su esposo lideraba la iglesia más grande de la comunidad, y Ron era uno de los miembros. Un día, Ruth llegó a su clínica para que examinara a su hijo de doce años. Ella creía que el niño mostraba síntomas de TDAH. El problema era que el chico era muy activo y distraído, además de mostrarse rudo con cualquiera que se le acercara y haberse convertido en alguien casi imposible de tratar. Ron hizo las preguntas médicas pertinentes y tomó apuntes. Luego de escuchar con atención, le pidió a la enfermera se llevara al chico fuera de la habitación y volvió a enfocarse en Ruth.

«Ruth, no creo que haya algo clínicamente malo en Ross; sin embargo, creo que sí hay algo malo en tu familia. Lo veo todo el tiempo cuando vienen a mi clínica y también cuando van a la iglesia. Tu familia está sobresaturada de estrés y apuro. Lo llamo "el mundo de déficit de atención". Están tan ocupados haciendo cosas *buenas* que se pierden las mejores cosas de la vida. Ross no tiene TDAH, solo tiene demasiadas ocupaciones para un chico de su edad y las presiones lo hacen distraerse. Actúa de esa manera debido a las ocupaciones de tu familia».

Ruth se quedó asombrada. Sabía que tenía razón. Ya la veía venir, pero tenía demasiadas luchas y suficientes problemas cada día. Corría desde la mañana hasta la noche, y luego participaba en algún proyecto que apenas podía realizar antes de irse a dormir. En su interior, estaba preocupada por cómo eso afectaría a los chicos y por la pérdida de conexión en su matrimonio; al mismo tiempo no hallaba forma de detener ese frenesí.

Y ahí, en la clínica del doctor Ron, trató de mantener la compostura, pero sus ojos reflejaban su tristeza. Al final le preguntó: «Entonces, ¿cuál es su sugerencia?».

«Ruth, no te va a gustar mi respuesta, pero alguien en la familia debe tener el valor de cambiar el ritmo de vida. Tus hijos no lo harán y en lo que concierne a tu esposo, tam-

El ritmo de vida está matando el alma de las familias.

poco creo que sea el primero en cambiar. Tus chicos no deberían estar en muchas actividades, y tú no deberías estar fuera de casa demasiadas noches. Tú y tu esposo trabajan demasiado. Por lo que he observado, y por otras conversaciones que hemos tenido, diría que su relación es más como una asociación empresarial que un matrimonio con intimidad. Tu familia necesita detener el paso y disfrutar la fragancia de las rosas, o los resultados a largo plazo pondrán a tu familia en peligro».

¡LA VELOCIDAD MATA!

El ritmo de vida está matando el alma de las familias. Ese ritmo hace que las personas buenas actúen de forma descabellada y que las personas saludables sean vulnerables: vulnerables a la enfermedad, las relaciones rotas y al pecado. El antiguo dicho «la velocidad mata» no es solo una advertencia para los conductores en la autopista.

El cansancio de la familia de hoy ha alcanzado niveles peligrosos. Estamos demasiado cansados y tan distraídos como para encontrar esperanza a menos que hagamos una drástica «cirugía familiar». El alma del núcleo familiar peligra por estar tan estresada e involucrada en muchas cosas. En mi libro *Creating an Intimate Marriage* [Forme un matrimonio íntimo], aparece uno de los aspectos en los que me concentro: la idea de que cuando las parejas están involucradas en muchas cosas se desconectan entre sí. ¿Esto le puede suceder a las familias también? ¿Qué sucede cuando nuestras familias van demasiado rápido durante mucho tiempo? Los apuros y las ocupaciones de la vida pueden ser los grandes destructores de una vida familiar saludable. Hace un siglo, un filósofo lo dijo de esta manera: «Hacer las cosas de prisa no es del diablo, es el diablo». Décadas después, Richard Foster escribió: «Nuestro adversario se especializa en tres cosas: el ruido, la prisa y las multitudes. Si puede mantenernos involucrados con "lo mucho", descansará satisfecho»[1].

Debemos reconocerlo: todo se vuelve peligroso cuando se va a alta velocidad. Cuando estamos demasiado cansados nos volvemos insensibles a lo que más importa en la vida. Nos conformamos con la mediocridad en nuestras relaciones primordiales: Dios, nuestro cónyuge, nuestros hijos, nuestros familiares y amigos. Lo más triste es que muchos estamos demasiado ocupados como para encargarnos de ello. Cuando estamos tan involucrados en muchas cosas, posponemos o minimizamos las que son más importantes. Las cosas que hacemos parecen necesarias e inevitables. Sentimos como si nunca pudiéramos escapar de la persistente presencia de cuentas por pagar, horarios y otras responsabilidades. Este ritmo de vida que nunca termina convierte lo mejor de las personas en máquinas y reduce en gran manera nuestros niveles generales de felicidad y plenitud.

Para empeorar el problema, vemos nuestras ocupaciones casi como una virtud en un mundo que da tanto valor a lo instantáneo y lo eficaz. Si no nos detenemos y tomamos decisiones valientes para ir más despacio, pondremos en peligro muchos aspectos de nuestra vida.

1. LA PÉRDIDA DEL EQUILIBRIO

En las incesantes ocupaciones de la vida moderna, hemos perdido el equilibrio entre el trabajo y el descanso. Responde la siguiente pregunta: ¿Se puede sostener mi ritmo de vida? ¿De qué manera afecta a mis hijos, mi matrimonio y mi vida en general el ritmo de vida que llevo? Si tus respuestas son positivas, puedes dejar de leer este capítulo ya que ¡has pasado el examen! Pero si todavía hay algo que mejorar, es probable que, al igual que la mayoría, hayas sido seducido por la promesa del más: más dinero, más reconocimiento y más satisfacción. Así que muchas personas siguen el sueño del más y en el camino pierden el alma de sus familias.

Dios creó equilibrios saludables para nuestro trabajo, descanso, diversión, adoración y otros aspectos de la vida. No fuimos hechos para actuar como máquinas que corren hasta que se funden. Cuando la familia encuentra un equilibrio saludable, todo parece ir bien.

> **Cuando la familia encuentra un equilibrio saludable, todo parece ir bien.**

Estoy convencido de que muchos matrimonios fallan, no por la falta de pasión en la pareja, sino porque están demasiado preocupados por los aspectos secundarios de la vida, al punto que la relación matrimonial se desploma. Muchos hijos han desarrollado un comportamiento peligroso (promiscuidad sexual, abuso de alcohol y drogas y otras actividades peligrosas), no porque sus padres hayan tenido malas intenciones, sino porque estaban tan ocupados que no pudieron encontrar un equilibrio saludable y descuidaron lo más importante en la vida. Puedes tener todo el dinero del mundo, pero si prefieres trabajar hasta tarde en la oficina en lugar de estar con tu hijo en su juego de la Pequeña Liga de Béisbol, habrás pagado un precio alto por el dinero extra que recibes.

2. LA PÉRDIDA DEL ENFOQUE ESPIRITUAL

Jesús hizo una declaración profunda en el Sermón del Monte cuando dijo: «Porque donde esté tu tesoro, allí estará también tu corazón» (Mateo 6:21). La respuesta obvia a este versículo es hablar de la manera en que administramos el dinero, pero hay mucho más en esas diez cortas palabras. Lo que en realidad Jesús dice es que en cualquier cosa en la que invirtamos nuestra atención y tiempo es donde estarán nuestros corazones. George Muller escribió: «Cualquier cosa que pongamos en el centro de nuestra vida recibirá la mayor cantidad de atención y cuidado»[2]. Para la mayoría de nosotros, el gran peligro no es renunciar a nuestra fe, sino estar tan distraídos, preocupados y en prisas que nos conformemos con vivir una versión mediocre de la fe. Esto implica mantenernos en la superficie y no ir a lo profundo.

> **Cualquier cosa en la que invirtamos nuestra atención y tiempo es donde estarán nuestros corazones.**

En la escritura china, el carácter de la palabra «ocupado» se forma con la combinación de otros dos caracteres: «corazón» y «asesinato». Muchas veces veo personas generosas y compasivas que están tan exhaustas, abrumadas y con tanto trabajo que no tienen tiempo ni capacidad de escuchar su voz interior. En esencia, están extinguiendo el fuego de sus corazones. Cuando les digo a las personas que no «sacrifiquen a sus familias en el altar de sus carreras profesionales», todas están de acuerdo; pero me pregunto cuántas luchan por cumplir este gran llamado de poner a la familia por encima de la carrera.

La razón por la que conozco y puedo escribir sobre los efectos de una vida ocupada es porque a menudo ha sido la historia de mi propia vida. Si nos preguntaras a Cathy o a mí cuál es el enfoque principal de nuestra vida, podríamos con facilidad decirte que es nuestra relación con Dios y con nuestra familia. Por desgracia, muy a menudo hemos permitido que muchas de las responsabilidades de la vida se interpongan en nuestro camino de buscar con pasión la voluntad de Dios como familia. En algunas ocasiones, hemos permitido que la dirección espiritual de nuestro hogar sea una visita rápida a la iglesia entre una actividad y otra. Cuando nuestras hijas eran pequeñas, esperábamos que la escuela cristiana a la que asistían hiciera un buen trabajo para enseñarles la fe en sus vidas. Pusimos mucho énfasis en que nuestras dos hijas mayores asistieran a universidades cristianas con la esperanza de que las lecciones de Biblia y los tiempos en la capilla mantuvieran a las chicas enfocadas en Dios.

Quizá hayas escuchado la historia de unos médicos misioneros que contrataron guías africanos para hacer un viaje al interior de su país. Los misioneros sabían que sería un viaje difícil de cinco días con el propósito de explorar las necesidades de una zona que pocos habían visitado. Presionaron a los guías para llegar a su destino lo más pronto posible. Al tercer día, cuando los misioneros despertaron, los guías todavía se encontraban sentados alrededor del fuego y no habían empacado para la travesía del día. Los misioneros se sintieron un poco frustrados y preguntaron por qué no estaban listos. Su respuesta fue muy apropiada: «Hemos viajado demasiado rápido así que hoy es día de descanso. Nuestras almas necesitan alcanzar a nuestros cuerpos». Jesús tenía mucha razón cuando declaró: «¿De qué sirve ganar el mundo entero si se pierde la vida?» (Mateo 16:26).

3. LA PÉRDIDA DE LA SALUD

Uno de mis temores es que tenemos una generación de hijos (e incluso adultos) que se automedican no porque tengan problemas físicos, sino porque están matando sus cuerpos con estrés y su ritmo de vida. Hoy más que nunca, muchos chicos están estresados y deprimidos y muestran señales de agotamiento físico y mental.

Jacob, de catorce años, practica cada deporte imaginable. Su padre es el entrenador de la mayoría de los equipos y su madre no se pierde ningún juego. Aplaudo la forma en que sus padres se involucran. El único problema es que Jacob sufre dolores de estómago debido a la preocupación, y frecuentes dolores de cabeza por la tensión. El muchacho padece todo esto por tratar de hacer malabares con todas sus responsabilidades en la escuela y en los deportes. Pasa exhausto la mayor parte del tiempo. En lo que se refiere a sus padres, casi no tienen tiempo ni para verse a los ojos, raras veces salen y la mayor parte del tiempo que pasan juntos, lo hacen en su auto para ir de un juego a otro. Existe más negatividad en su hogar de lo que ellos desearían. La gripe y otras enfermedades están a la orden del día. Si adelantaras la «película» de su vida y vieras los resultados de esos patrones en el futuro, la historia no sería muy agradable.

Es interesante que cuando me hablaron de sus problemas también mencionaron que en una ocasión lograron ir a un campamento familiar. Les pregunté cómo se habían sentido en el viaje; me contestaron con orgullo que no habían tenido dolores de espalda, infecciones de sinusitis, problemas estomacales ni dolores de cabeza. Quizá existió una correlación entre su mejora en la salud y el tiempo de relajación como familia. Creo que sí la hubo y que el mismo principio es verdadero para todos nosotros. No fuimos hechos para vivir a un ritmo que nos deje sin aliento. La pregunta no es si habrá daño físico, solo es cuestión de tiempo y hasta qué punto.

4. CHICOS ESTRESADOS Y EN RIESGO

Los chicos de hoy pasan el doble de tiempo jugando deportes bien organizados que los chicos de los inicios de los años ochenta. Tienen doce horas menos de tiempo libre a la semana, menos tiempos de comida con sus familias, menos conversaciones familiares y menos vacaciones familiares. Algunos expertos comienzan a preocuparse de que esta generación de chicos y chicas caerá agotada como resultado de sus actividades, y que esto los llevará a tomar decisiones inadecuadas en relación a su estilo de vida. Algunos ya están abandonando la escuela mientras que otros son adictos a un estilo de vida acelerado que ni siquiera pueden sentarse a ponerse en contacto con sus emociones, su fe o entablar relaciones significativas.

La gimnasia, el ballet, el piano, el fútbol, el karate y el grupo de jóvenes de la iglesia son actividades buenas, pero necesitamos moderación. El doctor Alvin Rosenfeld, coautor de *La hiperescolarización de los niños*, dice lo siguiente: «Apoyamos un estilo de vida lleno de horarios para las actividades; un estilo de vida que hace que nuestros niños se sientan agotados. El problema es que los niños con poco tiempo para pensar, jugar, orar y soñar a menudo son los que se convierten en robots que no pueden entablar relaciones cuando crecen y se mueven de una actividad a otra en busca de significado. El significado no se encuentra en la actividad, el ruido de una computadora ni en los medios de comunicación. Un día, los niños verán sus vidas en retrospectiva y se preguntarán: ¿Qué me motiva a llevar este horario y estilo de vida frenético?, y no tendrán ni idea que será el resultado de una niñez ocupada y llena de horarios de actividades»[3].

> La gimnasia, el ballet, el piano, el fútbol, el karate y el grupo de jóvenes de la iglesia son actividades buenas, pero necesitamos moderación.

5. VULNERABLE PARA PECAR

Hace poco tiempo entrevisté a Ruth Haley Barton en mi programa de radio. Ella es una líder espiritual muy conocida y la autora del libro *Una invitación al silencio y a la quietud*. Ella dice que las personas que padecen la enfermedad de hacer las cosas de prisa padecen del Síndrome de Fatiga Cristiana (SFC). Estar exhaustos nos hace vulnerables a perder nuestra habilidad de experimentar una gran variedad de emociones. Cuando estamos agotados a niveles peligrosos, estamos susceptibles a nuestras debilidades y tendencias pecaminosas. La fatiga se vuelve normal en la vida. Y como una vez expresó el finado entrenador de los Empacadores de Green Bay, Vince Lombarda: «La fatiga nos acobarda a todos». La fatiga también baja nuestras defensas.

Cathy y yo invertimos una gran parte de nuestro tiempo en el ministerio pastoral en ayudar a las personas en sus matrimonios y familias. En este último año, las personas nos han contado de sus luchas en torno a una gran gama de dolores y problemas: desde aventuras amorosas y adicciones, hasta abuso y problemas con niños caprichosos. Todo eso es para romper el corazón. No quiero hacer que algunos problemas difíciles en extremo parezcan simples, pero a menudo la raíz de todos estos problemas radica en el hecho de que estas personas comienzan con intenciones puras, pero las ocupaciones de la vida derriban su sistema de defensa y, así, el pecado entra en la familia.

> **Las ocupaciones de la vida derriban su sistema de defensa y, así, el pecado entra en la familia.**

Justin y Sara son personas increíbles. Raras veces he visto una pareja con un maravilloso corazón para servir. Antes de tener niños, trabajaban fuera de casa todas las mañanas y casi todas las noches. No se ocuparon el uno del otro y no dedicaron tiempo para descansar; eran jóvenes y llenos de energía. Años después, tuvieron tres niños y seguían adictos a la adrenalina de las ocupaciones. Fue así como una crisis en su matrimonio y la aparición paulatina de problemas con sus hijos los sorprendieron. Todo comenzó con pequeños compromisos para luego hacerse un problema más grande hasta llegar a un distanciamiento general. Finalmente, aun cuando Justin y Sara estaban involucrados en la iglesia, endurecieron sus corazones a la obediencia a Dios. Luego, como te lo puedes imaginar, uno de ellos tuvo una aventura amorosa y el otro se hizo adicto al alcohol. Se necesitaron medidas drásticas para unir a esta familia y de hecho sus hijos todavía siguen luchando.

Así que, ¿cuál es la respuesta para los problemas de nuestro ritmo de vida? Creo que la respuesta se encuentra en la lección del Día de Reposo.

LA LECCIÓN DEL DÍA DE REPOSO

Dios nos ordena: «Trabaja seis días, y haz en ellos todo lo que tengas que hacer, pero el día séptimo será un día de reposo para honrar al SEÑOR tu Dios. No hagas en ese día ningún trabajo […] Acuérdate de que en seis días hizo el SEÑOR los cielos y la tierra, el mar y todo lo que hay en ellos, y que descansó el séptimo día. Por eso el SEÑOR bendijo y consagró el día de reposo» (Éxodo 20:9-11). La palabra *Sabbath* literalmente significa «descanso». Más adelante en Éxodo leemos que el séptimo día de la creación, «en efecto […] el SEÑOR […] descansó» (Éxodo 31:17). En este versículo, la palabra *descansó* significa tomó aliento.

Tener un Día de Reposo con regularidad hace eco de la indispensable sabiduría de cesar nuestras actividades y refugiarnos de las preocupaciones del mundo. Un escritor lo describió de la siguiente manera: «El Día de Reposo puede ser la desafiante revolución en contra de la violencia del trabajo excesivo, la acumulación sin sentido, y la interminable multiplicación de deseos, responsabilidades y logros. El Día de Reposo es la manera de estar en un tiempo donde recordamos quiénes somos, qué sabemos, y disfrutar de los dones del Espíritu y la eternidad»[4]. Me siento atraído solo por leer estas palabras.

En los años setenta, cuando Cathy y yo nos mudamos de California a Princeton, Nueva Jersey, para estudiar en la escuela de posgrado, nos sorprendimos de la «inconveniencia» de que las tiendas permanecieran cerradas los domingos; esto por las leyes que regulan la actividad comercial el día domingo, conocidas como las «leyes azules». Ahora estamos igual de sorprendidos por la falta de quietud en nuestra sociedad y añoramos esas «leyes azules». Aun así, como en la mayoría de las familias, es difícil dejar nuestras ocupaciones. Siempre hay algo más que hacer: las tareas del hogar, las cuentas, las compras, lavar la ropa, y el domingo lo utilizamos para ponernos al día con las cosas que tratamos de posponer.

Los eruditos bíblicos pueden explicar mejor la responsabilidad de tomar el Día de Reposo y los beneficios que ello trae. Sin embargo, para mí, el Día de Reposo implica dos cosas: un tiempo y, aun más importante, una actitud para cultivar la tranquilidad. Jesús mismo nos lo ofrece cuando dice: «Vengan a mí todos ustedes que están cansados y agobiados, y yo les daré descanso» (Mateo 11:28). La respuesta práctica al Día de Reposo es cesar nuestro trabajo. A menudo le digo a mi esposa que vamos a morir con nuestra «bandeja de cosas por hacer» llena y que a veces solo necesitamos la disciplina para detenernos y descansar. Necesitamos tener tanto «un corazón de Día de Reposo» como un Día de Reposo en sí para renovar nuestra mente y

> **La respuesta práctica al Día de Reposo es cesar nuestro trabajo.**

nuestro cuerpo. Ruth Haley Barton lo llama: «descansar el cuerpo, refrescar el espíritu y restaurar el alma»[5].

Creo con todo mi corazón que las familias se pueden beneficiar de la experiencia del Día de Reposo. Ben y Loraine son personas muy ocupadas, pero desde el atardecer del martes hasta el miércoles por la tarde toman su Día de Reposo, el cual les da buenos resultados a ellos y a sus cuatro hijos. Por lo general, la cena de los martes consiste en una sencilla sopa y emparedados. Apagan la televisión, los celulares y las computadoras; lavar la ropa y otras tareas del hogar se suspenden. Los niños mayores tienen algunas tareas de la escuela, sin embargo todos en la familia participan en juegos. A menudo salen a tomar un helado en el *Ben and Jerry's* de su localidad.

Los miércoles por la mañana, tres de los cuatro hijos se van a la escuela. Ben y Loraine cuidan al más pequeño y se toman un largo tiempo para leer la Biblia y libros cristianos. Por lo general, salen a caminar con su bebé en su cochecito, su café favorito en la mano y su perro. En ocasiones, después de almorzar, cuando el bebé toma una siesta, ellos también toman una o, como lo alienta la tradición hebrea, tienen un maravilloso tiempo de intimidad física. Básicamente, esta familia se toma veinticuatro horas aparte de sus mayores responsabilidades en la vida que, de otra manera, consumirían sus energías. Hay semanas, pero no muchas, en donde no pueden tener un día de descanso real. Ben me contó que con frecuencia tienen que luchar para tener su Día de Reposo, pero saben muy bien el gozo de este descanso. Como ya lo he dicho, podemos vivir con el dolor de la disciplina o el dolor del arrepentimiento.

Es obvio que muchas familias no pueden darse el lujo de tomarse un día libre en medio de la semana (Ben a menudo tiene que trabajar los fines de semana). Pero la mitad de un día como estos es mejor que nada. En ese caso, el dicho: «cualquier cosa es mejor que nada» se vuelve realidad. En el mundo de hoy se necesita disciplina para tener un tiempo de Día de Reposo, pero es ahí, en el silencio y la quietud, donde podemos encontrar fortaleza para continuar y dirección para tomar decisiones correctas. La Madre Teresa dijo una vez: «Dios es amigo del silencio».

DISMINUYE; O SOLO DI NO

Así que, ¿cómo implementas el Día de Reposo en tu familia? Mi consejo es aprender de la jardinería y comenzar por «disminuir».

Hace poco me volví una persona que disfruta trabajar en el jardín. Instalé una piscina unos años atrás y decidí que tendría varias plantas tropicales en mi patio trasero. El primer año, todo lucía hermoso, pero al tercer año las plantas se habían extendido demasiado al punto que necesité disminuirlas. Básicamente me tuve que deshacer de algunas cosas buenas en mi jardín para dar lugar a cosas mejores.

Muchas familias necesitan revisar sus horarios y disminuir. ¿Por qué la familia de hoy cree que los hijos deben tener clases de francés, fútbol, violín y tutorías a la edad de cinco años? ¡Y todo esto los lunes! Una de las razones por las cuales vemos que muchos chicos se rebelan en su vida académica y en los deportes además de sentirse fundidos al llegar a la universidad es porque les hemos permitido estar demasiado ocupados con cosas y proyectos adicionales. Los chicos no necesitan una agenda. Mi buen amigo Dough Fields a menudo dice: «Tenemos que aprender a decir NO, aun a muchas de las cosas buenas, de manera que podamos decir SÍ a lo que más importa en nuestra vida».

Si comenzaras a reducir el horario de actividades de tu familia, ¿cómo luciría? Una cosa es segura, cada familia tiene que tener sus propias ideas y acciones para el Día de Reposo. Con esta consideración, deberíamos comenzar por establecer un horario para nuestras prioridades y no darle prioridad al horario existente. Primero, haz una lista de las responsabilidades y actividades de la familia. ¡Es posible que solo por hacer esta lista te sientas cansado! Ahora comienza a eliminar. Para algunos de ustedes, esto será uno de los ejercicios más difíciles de su vida. Una vez que lo hayas hecho, revisa tu horario y busca un espacio donde colocar el Día de Reposo. Recuerda que Sabbath significa descanso. Un Día de Reposo cambia tu ritmo de vida; su propósito es restaurar las fuerzas y ayudarte a permanecer quieto. El término bíblico para *estar quieto* literalmente es «dejar ir lo que tienes agarrado». ¿Tienes algún día, o mitad de día o solo un par de horas en las que puedas experimentar el descanso de un Día de Reposo?

Cuando las personas no pueden hallar qué disminuir en sus vidas con el fin de encontrar paz, pueden experimentar más problemas psicológicos, emocionales, espirituales y de relaciones con los demás de lo que podrían creer. Algunas de las señales de advertencia son: un constante desorden, adicción a hacer las cosas de prisa, hacer muchas cosas a la vez, fatiga en las relaciones y por lo general disminución de las energías para enfrentar la vida. Recuerda, para ser un *padre más confiado* debemos estar confiados en nuestra propia vida. ¿Cómo podemos estar confiados si vivimos en el caos?

INGREDIENTES PARA UN DÍA DE REPOSO FAMILIAR SALUDABLE

Puesto que no deseo que el Día de Reposo suene legalista, por poco no incluyo las siguientes páginas. Pero para muchas personas, unas cuantas pautas pueden ser de ayuda.

Cada miembro de la familia tendrá una perspectiva y una necesidad diferente en el Día de Reposo. No esperes que tus hijos crean que necesitan un descanso. La experiencia de un Día de Reposo tiene mucho de disciplina como de diversión. En esta época y en estos días en verdad se requiere de mucho dominio silenciar el ruido de nuestra vida. No puede haber balance sin sacrificio. Aun así, el gozo que un Día de Reposo ofrece vale la pena.

Creo que hay cuatro ingredientes que nos ayudan a tener un Día de Reposo saludable. Junto con esos cuatro ingredientes es completamente esencial que detengas tu trabajo. Es obvio que tienes que alimentar a tus hijos; pero, si lo piensas, no hay nada más que necesites hacer. Desafié a un grupo de empresarios a que no revisaran sus correos electrónicos por un período de veinticuatro horas. ¡Gruñeron y se quejaron… y luego reportaron que de hecho se sintieron liberados! Cesar el trabajo significa reconocer que habrá otro tiempo para revisar el correo, lavar la ropa y trabajar en la «dulce lista» de cosas por hacer.

Estos son lo cuatro elementos del Día de Reposo en la familia Burns:

1. Reposar
2. Refrescar
3. Restaurar
4. Recrearse

REPOSAR

Haz cualquier cosa que te genere un auténtico descanso. Hagan cualquier cosa que tu familia disfrute hacer juntos y les traiga reposo. Si no sabes qué es, pregúntales. Me encantan las caminatas largas en la playa al lado de Cathy. Una pequeña siesta en medio del día es maravillosa. Pasar el tiempo sin hacer nada, sin tener que trabajar es una forma de descansar para mí. A mis hijas les gusta dormir y permanecer en pijama durante una parte del día. Por alguna razón, ven esto muy gratificante; su actitud y energía están mucho más saludables después de pasar un sábado por la mañana en pijama.

También hay una parte del Día de Reposo que involucra vacaciones. Hoy en día las personas tienen menos días libres y llevan más trabajo a casa en los días festivos. En algunas vacaciones debemos visitar a alguien, pero no creo que clasifiquemos eso como una vacación de descanso. A nuestra familia le gusta la playa, y casi todas las vacaciones se centran en descansar sobre la arena y debajo del sol. Quizá tu familia prefiera las montañas recién cubiertas de nieve para ir a esquiar. La clave es hacer lo que mejor les dé resultado. Solo recuerda que el descanso es un tiempo para estar tranquilo y no para estar tan ocupado en divertirse que al final de tu día estés más cansado que cuando empezaste.

REFRESCAR

¿Qué refresca tu espíritu? Por lo general, esto es diferente para los padres y para los hijos. La experiencia de un Día de Reposo no siempre tiene que ser un tiempo en donde la familia esté junta. A una madre soltera le gusta encender velas y escuchar música agradable mientras toma un baño de burbujas de una hora. A menudo encuentro frescura en las conversaciones agradables y extensas. Y, porque me gustan las personas, me doy cuenta de que pasar tiempo con amistades que reabastecen me rejuvenece. Cathy se refresca cuando pasa tiempo a solas tomando el sol en la piscina o en la playa. Una cena amena también puede ser una fuente de frescura emocional. ¿Qué te da energía? ¿Qué le da energía a tu familia? Experimenta y observa lo que te brinda la frescura que necesitas para la siguiente semana.

RESTAURAR

Hoy en día el mundo moderno puede ser dañino para el alma. Se nos envían demasiadas imágenes y mucho ruido. Nuestros hijos pocas veces lo entienden pero necesitamos tiempos individuales y como familia para restaurar nuestras almas. En mi caso, lo encuentro leyendo en silencio un libro que me inspire, con música de adoración, o escuchar un CD con un mensaje de mi predicador favorito que me desafíe. Cathy y yo necesitamos tiempo para restaurar el alma de nuestro matrimonio. Con frecuencia lo hacemos con una cena romántica o una caminata al atardecer. Esto sucede cuando, por un corto tiempo, dejamos fuera las preocupaciones de la vida y nos concentramos el uno en el otro. En nuestra familia hemos descubierto que son muy útiles las veces que pasamos juntos para leer las Escrituras o un concepto espiritual clave. Nuestras hijas nunca se sintieron atraídas a las conferencias, predicaciones o tiempos espirituales extensos. Cathy y yo aprendimos que si los manteníamos breves, sencillos y las involucrábamos en un diálogo, los momentos de devocional familiar resultaban ser mucho mejores.

RECREARSE

El elemento de la recreación y el juego es un ingrediente muy importante en la renovación personal y de la familia. Hace poco conversaba con un grupo de padres sobre los efectos positivos de jugar juntos como familia. La mayoría dijo que esto no sucedía con regularidad en su círculo familiar. Los hijos jugaban con sus

> **Uno de los ingredientes clave para la salud y la vitalidad en el núcleo familiar es el hecho de jugar juntos.**

amigos y los adultos tenían algo de recreación pero les hacía falta el tiempo para jugar como familia.

Unos cuantos años atrás, estudié las características de familias saludables. Uno de los ingredientes clave para la salud y la vitalidad en el núcleo familiar es el hecho de jugar juntos. Para mantener la familia unida, jugar juntos, usar el buen humor, divertirse y establecer tradiciones para toda la vida son elementos esenciales. Haz una lista de las cosas que les encanta hacer para divertirse, luego ve y hazlo a lo largo del año. El jugar juntos construye momentos que se recordarán como familia, reduce el estrés y la tensión familiar y también permite brindar seguridad y apoyo. El juego incluso puede mejorar la comunicación. Sé que puede sonar cursi, pero la familia que juega junta se queda junta (retomaremos brevemente este tema en el próximo capítulo).

Si esperas a que el Día de Reposo simplemente aparezca, nunca sucederá. Tienes que crearlo por ti y por tu familia. Ir más lento en tu ritmo de vida hará mucho más para edificar una familia saludable que cualquier otro factor. El descanso sana, alivia y brinda perspectiva.

A propósito, ¿recuerdas la conversación entre Ruth y el doctor Ron en este capítulo? Ruth tomó el consejo de Ron. Pasó horas charlando con su esposo y luego con sus hijos. Tuvieron el valor para hacer cambios, y ahora cuentan que la relación entre ellos, su salud física, emocional y espiritual, como individuos y como familia, han mejorado.

CÓMO REABASTECER VIDAS DEMASIADO OCUPADAS

¿Cuál es el punto?

1. Comenta las siguientes declaraciones:

   «Estamos peligrosamente cansados y demasiado involucrados en muchas cosas».

   «Hacer las cosas de prisa no es del diablo; es el diablo».

   «El problema es que los chicos con poco tiempo para pensar, jugar, orar y soñar a menudo son los que se convierten en robots que no pueden entablar relaciones cuando crecen».

El propósito

1. ¿Cómo se puede tener de manera frecuente la experiencia del Día de Reposo? ¿Crees que podría mejorar tu vida familiar?

El plan

1. ¿Qué podrías hacer de inmediato para introducir la idea de recobrar las fuerzas y descansar en el horario semanal de las actividades de tu familia?

5

LA LECCIÓN DE ACE

CÓMO COMUNICARSE CON AFECTO, CALIDEZ Y ESTÍMULO

NO ERA UN DÍA PARA CELEBRAR las buenas relaciones en la casa de Mark y Becky. Por lo general, las cosas que aprendían de Judith eran determinantes, pero este día en particular era difícil ver algún progreso. El ánimo de la familia se había ido a pique. Jennifer y Jason pelearon por lo más tonto de los asuntos. Becky y Mark tenían cierto nivel de enojo en su interior, pero aun cuando lo sabían, no hablaban de ello. Todos estaban tensos. Jennifer se molestó todavía más cuando, aparentemente, su padre escogió un mal momento para bromear al decirle que habría luna llena. Se encerró en su habitación, mientras que Jason escapó a la sala familiar para entretenerse con un videojuego. Sin nada más que hacer, Becky y Mark decidieron salir a comprar unas cuantas cosas para la cena. En verdad, ninguno quería ir, pero ambos pensaron que sería buena idea salir.

Cuando llegaron al pequeño supermercado, Mark sugirió entre dientes quedarse en el auto para escuchar un juego de béisbol, pero Becky insistió en dividirse la pequeña lista de compras e ir ambos al supermercado. Una vez dentro, tomaron dos cestas de compras y se disponían a tomar caminos separados cuando literalmente casi chocan con Judith. Allí estaba con su carrito y su sonrisa familiar. Esto les resultaba casi cómico. Sus conversaciones con Judith eran sorprendentes, sin embargo, parecían generar más preguntas. Ninguna de esas conversaciones tenían que ver con quién era ella o por qué siempre se la encontraban.

Mark no tenía deseos de hablar, así que Becky se hizo cargo de la charla. Hablaron del clima y de la vida en general. No pasó mucho tiempo para que Judith fuera más directa que nunca:

—Parece que han tenido un día muy duro. ¿Qué les sucede? —preguntó.

—Judith, ha sido uno de esos días en el que todos nos sacamos de quicio —respondió Becky; Mark trataba de permanecer distante.

—Ah, entiendo, eso sucede en las familias, pero, ¿has escuchado de la lección de ACE? —respondió.

Su pregunta era tan sincera, y de acuerdo al patrón que había seguido, que Mark no pudo evitar comenzar a reír. *Aquí viene otra vez* —pensó— *otra lección de Judith.*

Becky expresó que conocía la palabra hace, con hache, pero no tenía idea de alguna lección relacionada a esa palabra.

—De hecho, ACE son las letras para afecto, calidez y estímulo… ACE. Todos deseamos y necesitamos ACE en nuestra vida. Sin embargo, requiere mucho autocontrol y disciplina tener ACE en alguna relación o en el hogar —respondió Judith—. Cuando alguien se vuelve frío o desalentador, a menudo respondemos de la misma manera en lugar de crear una atmósfera de afecto, calidez y estímulo.

—Pero, ¿qué de esos días cuando los chicos están en verdad gruñones? —respondió Becky. Trataba de incluir a Mark en la conversación pero no lo logró.

—Bueno, son los padres quienes establecen el tono en el hogar. Y sí, habrá momentos en los cuales alguien estará negativo y crítico, pero tu perspectiva puede ayudar, pues sabes que esos sentimientos son resultado de heridas que la persona ha sufrido o por tener baja autoestima —dijo Judith.

—¿Eres consejera? —preguntó Mark.

—No, Mark, pero por lo que hemos hablado las últimas semanas entiendo por qué piensas así. ¿Crees que me he pasado de los límites? —ella sonrió.

—¡No, en lo absoluto! Nos gustan… eh… me gustan tus puntos de vista. Pienso en ellos todos los días; en verdad nos ayudas —irrumpió Becky.

—Estoy feliz de escuchar eso, en especial porque pienso que la lección de ACE les ayudará mucho más. Una actitud positiva es importante para tener buenas relaciones. Me viene a la mente un proverbio que dice: «El corazón alegre se refleja en el rostro, el corazón dolido deprime el espíritu». Otro proverbio dice: «Para el que es feliz siempre es día de fiesta».

Las palabras de Judith hicieron que Mark recordara algo de su niñez:

—Cuando era niño, en la Escuela Dominical aprendí un proverbio similar: «Gran remedio es el corazón alegre, pero el ánimo decaído seca los huesos».

—Sí, sí, doctor, todos necesitamos una receta médica de ACE —bromeó Becky.

Mark y Becky se rieron de ese comentario y se volvieron para ver la reacción de Judith, solo para darse se cuenta de que se había marchado a la caja registradora y les decía adiós con su mano.

EN MUCHAS PARTES DEL PAÍS las personas hablan del clima; no así en Dana Point, donde vive la familia Burns. A decir verdad, para nosotros, el clima no cambia drásticamente como para hablar de ello. Por lo general, las temperaturas más bajas son de sesenta y siete grados fahrenheit y ocurren en enero; las temperaturas más altas son de setenta y nueve grados y se perciben durante el mes de agosto. Dana Point es una comunidad playera; la mayor parte del tiempo hay sol y podemos usar el mismo tipo de ropa todo el año. No quiero sonar como un experto en meteorología ni hacer publicidad para una vida en el sur de California, pero lo que más me gusta de nuestra comunidad es que sabes qué esperar del clima. Nuestra casa no necesita aire acondicionado y raras veces usamos la calefacción, con excepción de unas cuantas veces en Navidad. Si eres alguien que gusta de las cuatro estaciones del año, sé que es difícil imaginar vivir en un clima constante.

> **Es tu trabajo crear un tono y una atmósfera positiva en tu hogar.**

Cuando se refiere al clima de tu hogar, es tu responsabilidad como padre establecer «el termostato emocional». Se debe seleccionar el ambiente hogareño saludable; no puede ser meramente una reacción a la «temperatura» o al ánimo de tu cónyuge e hijos. Es tu trabajo crear un tono y una atmósfera positiva en tu hogar. No esperes que tus hijos lo hagan, particularmente si son adolescentes o preadolescentes.

Con el ritmo de vida que llevan muchas familias, todos podríamos encontrar motivos para desatar tempestuosas peleas y estar molestos con nuestro cónyuge e hijos la mayor parte del tiempo. En la mayoría de las etapas de su vida, tus niños pondrán a prueba tu autoridad, sus propias opiniones y su independencia. En ocasiones, los chicos discuten solo para flexionar sus músculos mentales. Ponen a prueba los límites porque es la mejor manera de descubrir por sí mismos por qué estos existen. Aunque este conflicto puede resultar frustrante, es parte del viaje que cada hijo debe hacer hacia la adultez.

Si bien no puedes hacer mucho para cambiar la forma en que tus hijos ponen a prueba los límites, sí puedes cambiar la manera en que respondes a tus hijos. Muchos padres todavía retoman la crianza que se basa en la vergüenza porque les dio resultado, al menos por corto tiempo, a sus padres. La crianza basada en la vergüenza ocurre cuando estamos lo suficientemente desesperados al punto de avergonzar a nuestros hijos con el fin de hacer que obedezcan. Decimos cosas como: «¿Por qué hiciste algo tan tonto?» o «Ya deberías saberlo». Como ya dije, a veces da resultado pues las cosas se hacen a tu manera, pero solo de forma temporal. Después de todo, nuestra gran meta es que en el futuro se conviertan en adultos responsables; no generar obediencia para el presente.

Existe una manera eficaz para criar a tus chicos y establecer una atmósfera saludable en tu hogar. Requiere autodisciplina y fuerza de voluntad de tu parte. A veces requiere que te muerdas la lengua y hagas un esfuerzo para estar de acuerdo con tu cónyuge. Llamo a este método: «Criar hijos con ACE», y creo que es una mejor y más exitosa manera de criar niños en comparación con el control y la vergüenza. Si bien no hay tal cosa como un hogar perfecto, creo que podemos mejorar esa labor mediante la creación de una atmósfera de ACE (afecto, calidez y estímulo). Aquí te presento la forma de crear un hogar lleno de ACE.

MUESTRA MUCHO *AFECTO*

A medida que los hijos crecen, huyen de los besos y abrazos de los padres, en especial frente a sus amigos. Pero se puede obrar maravillas en esa relación a través de gestos adecuados y amorosos que involucren el contacto físico junto con palabras de afecto y estímulo. Una vez vi a un padre halar a su hijo de dieciséis años, darle un beso en la frente y decirle: «Te amo y estoy orgulloso de ti». El hijo estaba visiblemente conmovido. No fue fácil para el padre ni para el hijo, pero el resultado de esta muestra de amor fue de tremenda importancia en su relación. Para algunas familias es más fácil mostrarse afecto los unos a los otros. Sin importar la manera en que fuiste criado o tu trasfondo étnico, debes reconocer que los chicos necesitan una gran cantidad de afecto apropiado de parte de sus padres. Esto les brinda seguridad y es una forma de proferir bendiciones para la familia. Los estudios muestran que en las familias donde el afecto es constante, los hijos resultan ser menos promiscuos sexualmente, se sienten más cómodos y seguros de sí mismos y desarrollan una autoestima adecuada.

Uno de los estudios clásicos en el campo de la crianza de niños saludables ocurrió cuando, de forma accidental, un grupo de investigadores de la Universidad de Harvard encontró un estudio sobre la crianza de los hijos que databa de 1951. Decidieron seguir ese estudio, el cual consistía en entrevistas con padres de niños que asistían al jardín de infantes. Para ese entonces, esos niños ya eran padres, si no abuelos. Cuando localizaron a sus familias, los investigadores descubrieron un hecho sorprendente.

Aquellos que respondieron y se mostraban más felices, es decir, quienes disfrutaban de sus familias, sus trabajos y poseían un entusiasmo por la vida, tenían una característica importante en común: sus padres habían sido cálidos, cariñosos y espléndidos al brindarles abrazos, besos y tiempo para jugar. Es asombroso, pero el estudio indicó que el indicio más importante de la felicidad en el futuro no es la educación o una casa lujosa, sino la cercanía física con los padres. Otros factores tales como el dinero, las heridas más graves o las frecuentes mudanzas tuvieron menos que ver con la felicidad que experimentaban los entrevistados frente al poder del genuino afecto.

En verdad, Jesús entendía la importancia de la cercanía física. En medio de toda la demanda de atención que él tenía, dedicó tiempo para mostrar afecto a los niños:

> *Empezaron a llevarle niños a Jesús para que los tocara, pero los discípulos reprendían a quienes los llevaban. Cuando Jesús se dio cuenta, se indignó y les dijo: «Dejen que los niños vengan a mí, y no se lo impidan, porque el reino de Dios es de quienes son como ellos. Les aseguro que el que no reciba el reino de Dios como un niño, de ninguna manera entrará en él».* Y después de abrazarlos, los bendecía poniendo las manos sobre ellos.
>
> *(Marcos 10:13-16, énfasis agregado)*

Jesús era un maestro en comunicar amor y aceptación personal. Así lo hacía al bendecir y abrazar a los niños. Con sus actos demostró su conocimiento de la necesidad genuina de afecto que tienen los hijos. Los padres son una extensión física del amor de Dios.

LLENA TU HOGAR CON *CALIDEZ*

No existe un hogar sin conflicto, pero cuando trabajas sin descanso para reducir el estrés en tu familia, estás promoviendo un ambiente cálido. Si esto requiere menos actividades, menos viajes u horarios más reducidos, *entonces hazlo.* Si necesitas la ayuda de un consejero o pastor para darte guía, pídela. Si tu familia necesita reflexionar en la manera en que se tratan unos a otros, háganlo. Piensa en tu hogar. ¿Es un lugar que los chicos disfrutan o es una zona de guerra crítica y negativa?

Muchas personas me preguntan: «¿Cómo puedo crear calidez en mi familia en medio de las emociones e incidentes que se dan en todas partes?». Es una pregunta válida, y a menudo comienzo por explicar que es natural que se den incidentes dentro de las familias. Sin embargo, también les digo a los padres que «la actitud es todo». La manera en que los padres responden a las situaciones y a sus chicos es determinante. A los hijos que crecen en medio de constantes peleas, discusiones, negatividad y crítica no les va bien en la adultez.

No hace mucho, una madre me describió su vida hogareña. Quería que corrigiera a su esposo, me encargara de su hija de catorce años con sus hormonas recargadas al máximo y le diera una rápida cura para lo que parecía ser un ambiente muy estresante y lleno de presiones. Para fortuna mía, su esposo y sus hijos no estaban presentes cuando ella y yo conversamos. Solo le pregunté: «¿Qué tipo de actitud y calidez le brinda personalmente a su hogar? ¿Es un lugar donde se sienten bienvenidos y seguros o es un lugar de conflicto?».

Ya sabía su respuesta. Comenzó de nuevo a hablar en forma negativa de su familia. Así que le pregunté una vez más:

—A nivel personal, ¿a qué atmósfera contribuye, a una positiva o una negativa? Al final, la madre se detuvo a pensar en su rol y con tranquilidad admitió:

—Supongo que tiendo a ver el vaso medio vacío. En definitiva, puedo encontrar suficientes cosas para criticar a mi familia.

—Cuando hace frío, siempre nos atrae el calor del fuego —le dije—. Le sugiero darse un «día libre de quejas» y ayudar a su familia a encontrar motivos para estar unida. Quizá le sorprenda la rapidez con la que cambia el clima de su hogar. Sin importar cómo sea, sin duda tendrá que comenzar con usted.

Desearía que todas las pláticas fueran tan fáciles: la madre regresó dos semanas después y reportó avances significativos, y lo único diferente que hizo fue decidir cambiar el ambiente frío de su hogar por uno cálido. Me dijo: «Solo hice una lista de todas las cosas que podía hacer para crear calidez. Incluí cambios como tener una mejor actitud y procurar que las cenas sean menos estresantes». Con una gran sonrisa concluyó: «¡Recuperé a mi familia!». Esta madre tuvo que humillarse y admitir su parte en el problema, para luego actuar según su decisión de crear calidez en su familia. Las personas que se distinguen escogen la acción en lugar de la inercia.

Nadie puede vivir con éxito sino hasta que echa mano del autocontrol en un nivel profesional. Uno de los desafíos más grandes para tener un hogar cálido es el manejo del creciente enojo, la frustración, la molestia, la exasperación y la ira que se encuentran en la mayoría de las familias. La sola mención de estas palabras deja una impresión desagradable en la mente. La manera en que reaccionamos a nuestros problemas tiene el poder de destruir nuestra felicidad y eficiencia. Como solía decir mi sabia abuela: «Lo que me sucede en la vida no vale ni la mitad de la forma como reacciono a lo que me sucede». En ocasiones, ello requiere bajar las expectativas que son irracionalmente altas. Como alguien dijo una vez: «La marca de una persona madura es su habilidad para adaptarse».

Cathy y yo conocemos a una mujer cuya hija está un poco fuera de control. En el fondo, es una buena chica, pero tiene problemas en la escuela y en sus relaciones, además de mostrar un comportamiento poco sensato que puede llevarla a las adicciones. Cuanto más tiempo pasamos con ella, más nos damos cuenta de que una de las razones por las cuales esta joven mujer no puede tomar las mejores decisiones es que carece de autocontrol para dormir lo suficiente y descansar; la vida es una fiesta continua para ella. Sus padres necesitan comenzar a tomar las riendas y animarla a desarrollar un poco de autocontrol.

Es sorprendente cómo la sobrecarga y la falta de disciplina personal pueden hacer que la vida y las familias giren fuera de control.

Es sorprendente cómo la sobrecarga y la falta de disciplina personal pueden hacer que la vida y las familias giren fuera de control.

Desafiamos a la madre a comprobar los beneficios de dormir y tener paz en el hogar. Por ello, junto con su hija, la madre desarrolló un «plan saludable» que incluye metas como dormir al menos ocho horas cada noche, comer de forma saludable seis días a la semana (me gusta la gracia que en este punto se brinda), quince minutos diarios de lectura de inspiración o de algún otro aporte y orar juntas cinco días a la semana. Ellas lo llaman el experimento de treinta días. Desde que empecé a escribir este libro, la madre me ha contado que han mejorado en el ámbito del autocontrol. Van en la dirección correcta.

Abraham Lincoln una vez dijo: «Cuando buscas lo malo en las personas, ciertamente lo encuentras». Lo opuesto también es verdad. Cuando buscamos lo bueno también lo encontramos. Detrás de la fachada áspera de tu cónyuge o hijos se encuentra un ser humano atemorizado que siente que no confían en él. El comentario en confianza de un amigo podría darte una perspectiva del poco apoyo que ha habido al interior de su familia. Una actitud malhumorada es, por lo general, una señal de algún tipo de inseguridad y problemas emocionales. Si constantemente reaccionamos de forma negativa a estas personas, no estamos creando una atmósfera de seguridad y confianza para nuestras relaciones. Busca lo bueno en otros y hazlo resaltar. No quiere decir que ignores o reprimas los conflictos en tu familia. Quiere decir que el momento preciso lo es todo cuando se refiere a brindar un clima apropiado de calidez en el hogar. He descubierto que es más fácil tener una conversación sobre algo difícil con mi esposa e hijas cuando comemos en un ambiente casual. A nuestra familia le va mejor en un Starbucks o en la venta de helados o yogurt.

El empresario Charles Schwab no es conocido por ser un experto en la crianza de los hijos, pero tenía razón al decir: «Aún no he encontrado al hombre, por elevada que sea su situación, que no trabaje mejor y se esfuerce más

> **Brindar seguridad motiva más que recurrir a la culpa y la vergüenza.**

bajo un espíritu de aprobación que bajo un espíritu de crítica»[1]. Y aquí hay más consejos de mi abuela: «Puedes llevarte muy bien con casi todas las personas si te olvidas de protegerte de las heridas».

BRINDA MUCHO *ESTÍMULO*

Brindar seguridad motiva más que recurrir a la culpa y la vergüenza. Un modelo de comunicación asevera que se necesitan nueve comentarios positivos para revertir uno solo de crítica. Es seguro que nuestros chicos necesitan disciplina (lo cual veremos en el próximo capítulo), pero también necesitan palabras de estímulo. Responderán mucho mejor a un comentario de elogio que brinde seguridad que a un regaño con enojo y negatividad. Una familia que conozco mantiene el «jarrón de la seguridad» sobre la mesa de la cocina, en donde se dejan mensajes de estímulo entre sí. De esta forma, cada uno tiene la oportunidad de sentirse motivado y apreciado durante la semana.

Piensa en las personas a las que te sientes atraído; personas que te motivan y te inspiran. Supongo que son personas que ponen en práctica los principios de ACE. Es probable que tengan un aire de afecto y calidez pero, en definitiva, poseen rasgos de ser personas que animan. Años atrás aprendí una gran lección sobre el estímulo por parte de uno de mis mentores. Él solía decirme: «Si derramas agua sobre las flores, florecerán, si no lo haces, morirán».

Así como el agua, tus palabras tienen poder. Pueden dar vida y edificar o destruir. Aun cuando disciplinas a tus hijos, es importante escoger las palabras con sabiduría. Deseas estimular un nuevo comportamiento, no aplastar el espíritu. Quieres mantener a tus hijos sensibles a ti y a Dios.

Un ambiente de estímulo es un ambiente pacífico. Tus chicos no necesitan un hogar perfecto, pero trata de edificarlos en un hogar pacífico. Tal como los adultos, pueden sentir que están en una batalla a lo largo del día, todos los días. Batallan contra la presión de grupo, los asuntos relacionados con la cultura, por momentos contra comentarios hirientes y contra los valores de la competitividad. Batallan contra los que los acosan en las escuelas, su autoestima y las responsabilidades escolares. Siguen el juego de la comparación todos los días y probablemente pierden. Nuestros hijos necesitan que el hogar sea un lugar donde pueden retirarse, quitarse la armadura de batalla en la puerta y encontrar refugio de manera que puedan ser ellos mismos. Tu hogar debería ser un lugar en donde tus chicos se sienten apoyados y seguros. El estímulo les ayuda a recordar que son amados, conocidos y cuidados.

INGREDIENTES DE UN HOGAR LLENO DE ACE

1. EL PODER DE ESTAR AHÍ

Tus hijos ven tu presencia como una señal de provisión de cuidado y conexión. Es obvio que es más fácil cuando tus hijos están más pequeños. No obstante, en la adultez tu presencia también es importante en sus vidas. Es determinante cuando vas a sus actividades deportivas a animarlos. Tu presencia importa en las actividades de la escuela. Incluso, tu presencia importa en la cena. Déjame explicarte.

La hora de la cena está siguiendo con rapidez el camino de los dinosaurios, y en muchas familias, por desgracia, es posible que pronto se extinga. No dejes que suceda en tu familia. Los estudios comprueban que los chicos que cenan junto a su familia al menos cuatro veces por semana tienen mayores probabilidades de evitar el uso de drogas y alcohol así como decir no a una conducta sexual promiscua. También está comprobado que el promedio de calificaciones de un estudiante mejora si su familia cena junta de forma regular. Esto sin mencionar el amor, la comunicación, la interacción y la unidad familiar que se pueden desarrollar al hacer los tiempos de comida juntos.

Tu presencia en la vida de tu hijo o hija influye en su confianza. Es un hecho que los chicos con una débil presencia de un adulto en sus vidas tienen muchos más problemas en desarrollar una apropiada autoestima en comparación con aquellos que tuvieron con más fuerza la presencia de un adulto[2]. Esto debería ser una buena noticia para muchos en esta generación que están dando calidad y «cantidad» de tiempo a sus hijos. Por desgracia, los reportes también muestran que padres e hijos están pasando juntos de diez a doce horas menos a la semana. Hoy más que nunca, los chicos necesitan de tu presencia y de ACE para crecer.

> ## Tu presencia en la vida de tu hijo o hija influye en su confianza.

2. LA GRATITUD ES DETERMINANTE

Es sorprendente saber que una familia llena de gratitud, gozará una mayor felicidad. Ya sea gratitud o agradecimiento, su presencia en el hogar y en nuestros corazones es una decisión. Así que, ¿cuál es la condición de tu corazón? ¿Está lleno de amargura o de gratitud?, ¿de gozo o de resentimiento?, ¿de agradecimiento o de preocupación? Aparte de estas preguntas, agregaría: ¿Cuál es la condición de tu hogar? La Biblia dice: «Den gracias a Dios en toda situación» (1 Tesalonicenses 5:18). Observa que las Escrituras no dicen: «Den gracias *si…*». Se nos dice: «Den gracias». Por cierto, el místico cristiano y maestro alemán, Eckhart afirmó que aun si la única oración que hiciéramos en toda nuestra vida fuera «gracias», quizá sería suficiente[3].

Se nos instruye a escoger la gratitud tanto en los buenos tiempos como en los malos. Henri Nouwen nos recuerda: «Cuando hay motivos para la gratitud, siempre puede haber motivos para la amargura»[4]. Una actitud de amargura nunca ha sanado un corazón roto, o reparado un matrimonio o mantenido una familia unida; pero una actitud de agradecimiento ha brindado regocijo y sanidad a muchos.

Cathy y yo aprendimos la lección de la gratitud unos cuantos años atrás. Habíamos vuelto a casa después de unos días muy ocupados. La casa era un desorden. Nuestras adolescentes habían invitado a sus amigos; las luces estaban encendidas en habitaciones que no se usaban, los platos estaban apilados y había una nueva mancha de chocolate en el sofá. La casa era un caos. Mi lista de quejas y la de Cathy iba creciendo cada vez más. Para colmo, el grupo de jóvenes de la iglesia vendría a cenar y tener una fiesta en la piscina. Todo lo que pedimos que hicieran en preparación de la fiesta no lo habían hecho. Cathy y yo estábamos muy molestos. Nos sentíamos frustrados y decepcionados.

Entonces me vino a la mente que cuando compramos nuestra casa, pedimos en oración que pudiésemos crear un hogar acogedor. Oramos para convertir nuestro hogar en un lugar donde nuestra familia e invitados se sintieran bienvenidos, cómodos, aceptados y seguros. Cuando nos mudamos por primera vez, ni siquiera podíamos pagar los muebles de la sala. Ahora, esos muebles tenían una mancha de chocolate. Era un *inconveniente*, no una *tragedia*. Subimos las escaleras, salimos del desorden y entramos a nuestra habitación. Nos tomamos de las manos e hicimos una oración de acción de gracias por el privilegio de todavía poseer un hogar. Hicimos una oración de acción de gracias por nuestras hijas y los otros chicos que contribuyeron en el desorden y por los demás que vendrían en poco tiempo. Luego, bajé las escaleras y los llamé a «una reunión de chicos».

Cathy trataba de ser agradecida, pero todavía estaba aturdida por el desorden. Reuní a mis hijas y a sus amigos; ¡conté unos trece en total! Los miré y les dije: «Estoy muy agradecido de que estén aquí pues necesito su ayuda. Más chicos vendrán a las seis, y sin ustedes, será imposible ordenar este lugar. Piensen en la limpieza, piensen en la comida, piensen en que no haya nada acumulado, piensen en ¡quitar sus veintiséis zapatos del pasillo de enfrente de manera que las personas puedan pasar hasta la puerta! Ahora, tenemos veinte minutos para ordenar. ¿Podemos hacerlo?». Todos contestaron: «¡Por supuesto!».

Y ordenaron la casa, no para la satisfacción de un perfeccionista, pero era aceptable. Hoy, con nuestras hijas lejos en la universidad o viviendo independientes, Cathy y yo de hecho extrañamos que la casa esté en desorden. Un hogar con gratitud está lleno de ACE y un hogar con amargura es negativo. ¿Qué clase de hogar escogerás?

3. JUGAR: EL INGREDIENTE QUE FALTABA

Como mencioné en el capítulo anterior, jugar es un ingrediente necesario para una familia unida. ¿Tu familia juega lo suficiente? No hablo de mirar a la familia jugar desde afuera, sino jugar juntos, hacer cosas divertidas como familia, sin importar la edad. Alvin Rosenfeld, coautor de *La hiperescolarización de los niños: Las actividades extraescolares, una presión añadida para tus hijos,* describe el resultado de tener un juego saludable como algo «alegre y emocionalmente enriquecedor»[5].

Mi amigo y líder del equipo de HomeWord, Bill Bauer, encuentra tiempo para jugar junto a sus hijos y nietos. Como familia, cada Día de Acción de Gracias tienen un torneo de ping pong que dura todo el día. El premio es que toda la familia, en su conjunto, ríe y establece vínculos afectivos. En las vacaciones de la familia Burns, Cathy es la autoproclamada directora de juegos. Planifica al menos un juego o experiencia cada día. Puede ser un paseo en bicicleta, una caminata o un juego de mesa. Hemos rentado motos acuáticas y juntos hemos ido río abajo. A veces, la familia está renuente para las actividades que ella sugiere, pero al final esos momentos hacen que nos unamos.

So pena de sonar redundante, jugar establece recuerdos familiares, reduce el estrés y la tensión familiar, estimula la buena comunicación y, a menudo, brinda oportunidades para apoyar y brindar seguridad. ¿Cuándo fue la última vez que jugaste con tu familia? Piensa en algunas actividades y comienza a realizarlas. Pronto verás lo que el juego puede hacer por la unidad familiar y su relación con la lección de ACE.

4. CONTINÚA Y SONRÍE

Nadie podría poner en duda la siguiente declaración: una familia optimista es mucho más feliz que una pesimista. Puedes ser optimista aun si de forma natural estás en el lado pesimista. Alguien optimista también es realista, pero uno que puede encontrar lo bueno incluso en algunas circunstancias terribles. Los expertos llaman «disposición pesimista» a la tendencia de ser un aguafiestas en casi cualquier situación. Este tipo de actitud no solo echa a perder un buen tiempo familiar, sino que produce un espíritu negativo en el hogar que se vuelve a su vez tan contagioso como la gripe. A los optimistas les va mejor en el trabajo, la universidad, los deportes, las relaciones y hasta viven más tiempo.

Crear una atmósfera positiva en el hogar requiere hacer un esfuerzo. No habrá un solo lugar en este mundo donde todo dé resultados positivos y perfectos. Todos somos humanos y vivimos con humanos. Y una cosa es segura: los humanos pecamos y cometemos errores; no obstante, una perspectiva optimista contribuirá en la travesía hacia el aprendizaje de la lección de ACE, que, de otra manera, sería ¡*terrible*!

Cathy y yo nos involucramos en el ministerio juvenil durante casi veinte años. Todavía valoramos el privilegio de pasar tiempo con aquellas personas que trabajan con chicos. Son personas que vibran, están profundamente comprometidas, son agradables y les gusta pasar tiempo con personas jóvenes. No son los padres de los chicos, por eso a veces son más comprensivos y los aceptan. De forma periódica, cuando las cosas se ponen difíciles en el hogar de los Burns, Cathy y yo nos susurramos al oído: «es tiempo del ministerio juvenil», lo cual significa que debemos desistir de nuestra agenda y relacionarnos con nuestras hijas a su nivel, sin muchas expectativas.

Recientemente nuestra segunda hija, Rebecca, se tardó en solicitar una visa de estudiante con el fin de tomar clases en Italia. Supo del proceso de solicitud meses atrás y no hizo nada al respecto. Se nos acababa el tiempo. A Cathy y a mí nos hubiera gustado tener la visa en nuestras manos para el tiempo en que Rebecca finalmente pensó en ella. Es obvio que eso nos perturbó. De hecho, «frustrados al máximo» sería lo más cercano a como nos sentíamos a la medianoche de ese último día en que ella pudo haber entregado los documentos al consulado de Italia en Los Ángeles.

Cathy y yo hicimos todo lo que pudimos para ayudar. A esa hora, Rebecca buscaba un lugar que permaneciera abierto toda la noche para lograr tomarse las fotos y conseguir otras cosas necesarias para la visa. En la mañana, Cathy llevaría a Rebecca y a su amiga (¡que estaba en la misma situación!) al consulado en Los Ángeles para que pudieran pedir clemencia. Las últimas palabras que salieron de mi boca para Cathy fueron: «Es tiempo del ministerio juvenil». Sonrió y se fueron en el auto.

Las llamadas que me hicieron mientras viajaban y una parada en el banco para obtener dinero adicional me recordaron que estaban estresadas. La única diferencia era que Cathy parecía divertirse con las chicas. Rebecca ya nos había pedido disculpas por los errores que había cometido durante el proceso. No necesitaba un «te lo dije». Mi esposa podía contribuir con la frustración o convertirla en una aventura. Ya habría tiempo para enseñarle a nuestra hija y ayudarle a crecer. De hecho, Cathy regresó a casa sintiéndose fresca y renovada. ¿Por qué? Porque escogió el camino del optimismo en lugar del pesimismo. Así que adelante, encárgate de los asuntos pero no olvides sonreír. ¿Es ese asunto una tragedia o una inconveniencia? Es probable que sea una inconveniencia.

LO QUE NECESITAMOS HACER PARA SEGUIR LA LECCIÓN DE ACE

Cuando nuestras hijas estaban más jóvenes, Cathy y yo tuvimos la idea de «la lista de cosas por hacer para seguir la lección de ACE». No la seguíamos de forma legalista, más bien la usábamos como una guía para tener ACE de forma deliberada en el hogar. Tratamos de mantener sensible el espíritu de cada una de nuestras hijas y les dimos sentido de seguridad y amor.

1. *Di «te amo».* A diario, recuérdales a tus hijos que los amas. El refuerzo positivo y el recordatorio verbal de

tu amor sin condiciones les brindarán la habilidad de seguir adelante hasta en los momentos más difíciles y les ayudarán a decir no a las tentaciones.

2. *Muestra afecto de forma física.* Los abrazos, el contacto físico significativo, los besos y hasta los saludos informales con las manos pueden levantar la autoestima de un joven. Un sentido verdadero de seguridad, valor propio y significado se obtiene de la demostración adecuada del afecto.

3. *Escucha.* Cuando tus chicos saben que en verdad los escuchas, sabrán qué tan importantes son para ti. Escuchar es el lenguaje del amor.

4. *Utiliza el contacto visual.* Como padres, en ocasiones estamos tan ocupados que podemos olvidar qué tan importante es nuestro lenguaje corporal y contacto visual para indicarles a nuestros hijos que nos interesan. Cuando fijamos nuestros ojos en ellos, podemos mostrarles que también nuestros corazones están fijos en ellos.

5. *Oren a diario.* Tener un tiempo cada día para orar con nuestros hijos les ayuda a entender qué tan importante es Dios en nuestras vidas. La oración debería ser un tiempo cálido, maravilloso y preciado en sus vidas.

No siempre es fácil crear un hogar con ACE. Esto es especialmente cierto si vienes de un hogar basado en la vergüenza. Pero, ¿qué clase de hogar preferirías tener? ¿Qué clase de hogar es más exitoso? Comienza con tomar la iniciativa en la crianza de los hijos. El resultado es una familia unida con chicos listos para convertirse en adultos responsables.

CÓMO COMUNICARSE CON AFECTO, CALIDEZ Y ESTÍMULO

¿Cuál es el punto?

1. ¿Cuál (es) frase(s) describe (n) tu hogar de mejor manera? (Puedes marcar con una x uno o más recuadros).

- [ ] Lleno de tensión
- [ ] Pacífico
- [ ] Cada quien hace sus propias cosas
- [ ] Falta de afecto
- [ ] Cálido
- [ ] Muy positivo (optimista)
- [ ] Negativo (pesimista)

2. ¿Cuál es tu contribución personal al clima de tu hogar?

El propósito

1. ¿Qué tanto tomas la iniciativa para crear ACE en tu hogar?

2. ¿Qué se necesitaría cambiar en tu hogar para estimular un ambiente ACE?

El plan

1. ¿Qué pasos prácticos extraídos de este capítulo podrías poner en marcha esta semana?

6

LA LECCIÓN DE LA DISCIPLINA Y LA GRACIA

CÓMO CREAR UN HOGAR LLENO DE GRACIA

JASON ESTABA PONIENDO A PRUEBA los límites o, para ser más exactos, se había pasado de los límites y estaba en serios problemas por mentir a sus padres. Mark se hizo cargo de la situación y respondió como su padre solía hacerlo: con gritos. Jason se quedó estático, pero Mark no se sintió mejor después de darle un sermón a todo volumen. Becky permaneció al margen, pero notó que una vez más Mark no había sido capaz de imponer un castigo. Si hubiera dependido de ella, Jason hubiera estado castigado por lo menos un mes.

Con frecuencia Becky y Mark tenían diferentes ideas en relación a la disciplina de sus hijos. La disciplina de Mark incluía gritos, pero dejaba de lado las consecuencias. La respuesta de Becky era menos ruidosa, pero por lo general, las consecuencias, al menos en primera instancia, eran más severas que la falta y casi siempre las decidía al calor de las emociones. Sin embargo, en muchas ocasiones Becky disminuía después la severidad de las consecuencias. No se daba cuenta, pero tenía la tendencia de avergonzar a sus hijos con la crítica o el recuerdo de errores cometidos en el pasado. Su disciplina no era coherente. A menudo, Mark y Becky discutían y se culpaban cuando los chicos se portaban mal.

En ese momento, Mark y Becky necesitaban un descanso de la tensión. Decidieron salir a cenar. No fue una sorpresa que su conversación girara en torno a los chicos, pero terminaron más frustrados el uno del otro que de sus hijos.

Quizá era por su estado de ánimo, pero cuando salieron del restaurante de inmediato vieron a Judith y al principio el encuentro no les pareció especial. Aun así, Becky le mencionó lo que había dominado la tarde y la noche. «Judith, ¿tienes alguna lección sobre la disciplina de los hijos?». Cuando Judith preguntó qué había sucedido, Becky le dio una recapitulación de los conflictos del día.

Judith respondió con gentileza: «Ustedes ya lo saben, pero es mucho más fácil cuando los padres toman la iniciativa y se ponen de acuerdo. El desafío más grande en la disciplina es ser coherentes. Queremos caerles bien a nuestros hijos, pero a veces tenemos que hacer que se cumplan las consecuencias de su comportamiento». A Mark le gustó la parte de ser coherentes porque sabía que Becky necesitaba oírla.

Luego, Judith se volvió y dijo: «Mark, levantar la voz y gritar tampoco da resultado. Solo cierra el corazón de tu hijo hacia ti como su padre». ¡Auch! Lo curioso del caso es que lo dijo con tal amor y gracia que Mark no lo tomó de forma personal; necesitaba esas palabras.

Judith siempre tenía una lección, y esta ocasión no era la excepción. «Su meta como padres es crear un hogar lleno de gracia donde el amor y la gracia reinen y la disciplina no sea algo que aparece de improvisto». Ambos asintieron con sus cabezas. Judith prosiguió: «Hoy en día disciplinar no es fácil hasta para los mejores padres, pero en definitiva aquellos que invierten energía emocional en entrenar y disciplinar a sus hijos reciben las recompensas. La Biblia contiene una hermosa promesa: "Instruye al niño en el camino correcto, y aun en su vejez no lo abandonará"».

Estas palabras eternas parecieron concluir la lección pues Judith les dio un abrazo y entró al restaurante.

———

DOS DE LOS ASPECTOS MÁS DIFÍCILES de la crianza de los hijos son: brindar abundante gracia y ser coherentes con la disciplina. Estos son aspectos que necesitan ser atendidos, ya que pocas personas se sienten seguras para administrar disciplina. Por lo regular, los padres me dicen: «Quiero caerles tan bien a mis hijos que me es difícil disciplinarlos; mucho menos, ser coherente en ello». También aunque no puedas verlo todavía, existe una correlación entre gracia y disciplina. La deficiencia en una puede afectar la otra.

No necesitamos decir esto: los chicos serán chicos. Se comportarán mal, cruzarán la línea y desafiarán tu autoridad. En alguna ocasión tus chicos te hallarán en un mal día o en un momento vulnerable, cuando no tendrás reservas, y de pronto te sorprenderán con algo desagradable. Y, cuando ocurra, es probable que no tengas la energía ni la autodisciplina para hacer lo correcto y su manipulación te hará, una vez más, ceder en tus creencias sobre la gracia y la disciplina. La razón por la que puedo escribir sobre estos asuntos es porque también ha sido mi experiencia. Tener un balance entre la disciplina y la gracia puede llegar a ser la batalla más grande que tengamos como padres confiados. En verdad queremos hacer lo correcto para nuestros chicos, pero en ocasiones no podemos mostrarles gracia durante tiempos de disciplina.

Janice es una madre soltera que hace lo mejor que puede para criar a sus niños con gracia y disciplina. Desde que su esposo la dejó, ha estado muy decepcionada de cómo han salido las cosas. Trabaja mucho y no tiene mucha seguridad emocional. El problema de Janice es que no quiere que sus hijos la rechacen como lo hizo su ex esposo, así que cede de forma constante. Sus chicos cada vez más están fuera de control y Janice se siente desconcertada.

Gary creció en un hogar emocionalmente desconectado. Su padre era callado, y aunque nunca se divorció de su madre, su matrimonio era penosamente deplorable. Dado que su padre era distante y distraído, la fuerza dominante en su vida era su madre. Ella carecía de estabilidad emocional y era controladora cuando se trataba de las relaciones familiares. Para la madre de Gary, el método común de disciplina era avergonzar a los chicos para que hicieran algo «bien». La mayoría de las veces obtenía la obediencia que deseaba pero a costa de profundas heridas en el corazón de Gary y los demás familiares. Los padres de Gary no eran malvados, pero no sabían cómo expresar intimidad.

Cuando Gary dejó el hogar, recibió la bendición de casarse con una mujer maravillosa y de convertirse en padre. No obstante, Gary batalla por ser coherente con la disciplina y brindar gracia a sus chicos. Tal como su madre, sus emociones son como una montaña rusa. En un instante les grita y al siguiente les permite salirse con la suya. Su temor más profundo es volverse como su madre, cuyas actitudes desprecia la mayor parte del tiempo. Al no ser coherente, Gary afecta la relación con su esposa e hijos.

Ahora, es posible que pienses que estas historias no se parecen a la tuya, pero debido a la cantidad de correos que recibo cada día en respuesta a la programación radial de *HomeWord* y debido a las numerosas preguntas que nos hacen en nuestros seminarios, diría que la mayoría de los padres batallan con problemas de disciplina y establecimiento de límites. Como sabes bien, los bebés no vienen con un manual de instrucciones. Es probable que nuestros chicos no se den cuenta de que muchas veces creamos las reglas y definimos las consecuencias de su mal comportamiento a medida que los problemas aparecen. Cada hijo viene con una personalidad diferente y con otro cambio particular en materia de disciplina. Recién empezábamos a entender a Christy, cuando apareció Rebecca que requería instrucciones y reglas diferentes. Heidi apareció con su propio estilo para salirse con la suya. Cuando las chicas eran adolescentes y preadolescentes, por momentos me preguntaba con franqueza si antes de nacer ya venían acurrucadas, tal como lo hacen los equipos de fútbol con el fin de hablar de la estrategia. Ya me las imaginaba decir: «Muy bien, tú atacas a mamá desde este ángulo con carita de bondad, yo voy a lloriquear hasta que la venza, luego cuando esté ocupada conmigo pasas de puntillas y actúas como si nada malo hubiera pasado. Y si todo esto no da resultado, solo decimos: "Papá dijo que estaba bien"».

PÓNGANSE DE ACUERDO

Esto es lo que les digo a los padres todo el tiempo: Pónganse de acuerdo. Como pareja necesitan estar de acuerdo en una misma filosofía en relación a *la disciplina* y *la gracia*. Cuando hablamos de disciplina, nos referimos a ser coherentes, puesto que esta actitud es la clave para criar chicos responsables. Si estás casado, haz equipo con tu cónyuge para tratar los asuntos de manera que ninguno termine agotado. Si estás divorciado, primero trata de ponerte de acuerdo con tu ex cónyuge, y si eso no sucede, desarrolla una perspectiva saludable para disciplinar y mantente en ello lo mejor que puedas. Busca la ayuda de otros que entiendan lo que estás pasando.

Esto es lo que les digo a los padres todo el tiempo: Pónganse de acuerdo.

Padres: ¿Me permiten ser más contundente? Ustedes no son los mejores amigos de sus hijos. No tienen esa oportunidad sino hasta cuando los hijos crecen o ya no viven en casa. Los llaman padre o madre por un motivo (en contraposición de su primer nombre), y de todas formas, ustedes son demasiado mayores y nunca serán lo suficientemente «buena onda» como para ser sus mejores amigos o amigas.

Un día, mientras íbamos juntos en el auto, mi hija Rebecca, que en ese entonces tenía dieciséis años, expresó: «Papá, *todos* mis amigos piensan que eres el papá más buena onda». Hasta utilizó las palabras exactas que sus amigos habían usado para describirme. Mi ego se infló. Me sentí muy bien por esa nominación al «padre más buena onda del año». Luego cometí el gran error.

—¿Rebecca, crees que soy el padre más buena onda? —pregunté.

—¡No! —respondió con rapidez.

—¿Por qué no? —pregunté (todavía no había aprendido).

—No me dejas ir a ver las películas que todos los demás chicos del universo pueden ir a ver. Tengo que estar de regreso en casa en la noche más temprano que los otros chicos menores que yo. Y cuando Lauren me invitó a Disneylandia por un día, me hiciste ir a la escuela en su lugar (fue renuente en mencionar que tenía examen final ese día). Tú y mamá son demasiado estrictos.

Mi ego volvió a su tamaño normal y me di cuenta una vez más que puedo ser «buena onda» en mi imaginación, pero no soy el mejor amigo de mis hijas. Con franqueza, uno puede reírse de esto, pero duele mucho porque, de forma natural, queremos caerles bien a nuestros hijos más que cualquier otra persona. Los padres que tratan de ganar un concurso de popularidad con sus hijos se quedarán profundamente decepcionados.

Wayne Rice, un excelente padre, educador, buen amigo y mentor, me ha ayudado a entender nuestro rol como padres cuando nuestros hijos atraviesan las diferentes etapas de su desarrollo. Voy a transmitirte una porción de su sabiduría con el fin de que puedas ver dónde estás y lo que viene en el horizonte de la crianza de los hijos, de manera que no hagas las cosas sin saber ahora que estás en el proceso de cumplir el llamado más importante en el mundo. Wayne ha identificado cinco etapas en la crianza de los hijos[1].

> **Padres: ¿Me permiten ser más contundente? Ustedes no son los mejores amigos de sus hijos.**

Etapa uno: *Cuidado* (desde el nacimiento hasta los dos años). En esencia, tú haces todo por tu hijo.

Etapa dos: *Control* (de los dos a los diez años). Te encargas de todos los detalles (en el buen sentido) de la vida de tu hijo o hija y lo proteges.

Etapa tres: *Entrenamiento* (de los diez a los quince años). Le permites a tu hijo comenzar a tomar más decisiones. (Este no es un tiempo fácil si te gusta asumir el rol de quien todo lo controla).

Etapa cuatro: *Consultoría* (de los quince hasta cuando son adultos jóvenes). En este tiempo, le permites tomar la mayoría de sus decisiones, pero estas ahí para apoyarle y aconsejarle.

Etapa cinco: *Atención*. Tu trabajo como padre en el día a día ha terminado. Ahora muestras cuidado, brindas ánimo, eres un mentor y esperas ver el fruto de tu esfuerzo.

Las etapas de Wayne tienen sentido, pero no es fácil ni para el hijo ni para el padre cuando se hace la transición a una nueva

En el fondo, los chicos desean orden y balance.

etapa en la relación. Para ayudarte a ti y a tu cónyuge a presentar un flanco unido, puedes analizar en qué etapas están tus hijos y cómo les va en la labor de criarlos. No hay atajos seguros y rápidos en el desarrollo, lo que sí debemos tener en cuenta es que ¡el proceso de destetar es difícil para el «destetado» y para el que «desteta»!

DISCIPLINA Y GRACIA

La razón por la cual muchos padres no disciplinan ni extienden la gracia como debieran es porque no la recibieron de niños. Si nadie fue para ti un ejemplo adecuado de disciplina y gracia, es probable que batalles en este ámbito. El primer paso sería alinear tu visión de disciplina y gracia con la visión de Dios para que estén en sincronía. Ante tus hijos, la gracia y la disciplina equivalen a una cosa: el amor que no falla. Dios te ama no por lo que haces, sino por quien eres: su hijo. Así como su amor es sin defecto, nuestra tarea es derramar un tipo de amor que no falle sobre nuestros hijos de la mejor manera posible. Tenemos que sacarnos de la cabeza la idea de que gracia equivale a amor y que disciplina equivale a disgusto. Ambas, la gracia y la disciplina equivalen al amor.

DISCIPLINA

En ocasiones los padres asocian la indulgencia con el amor, pero en realidad la primera es un tipo de amor disfuncional. Así mismo, los padres asocian el castigo con el amor, solo que hay una gran diferencia entre castigo y disciplina. La disciplina pertenece mucho más a la categoría de entrenamiento. Este permite que tu hijo aprenda a tomar decisiones adecuadas en un ambiente de ACE (capítulo 5) y en un hogar donde hay límites, responsabilidades y consecuencias positivas o negativas para sus actos.

En el fondo, los chicos desean orden y balance. Creo que en verdad esperan que sus padres los disciplinen. Los hijos necesitan aprender que la vida no es justa y que hay consecuencias por las malas decisiones. La disciplina tiene mucho más que ver con evocar responsabilidad en tus hijos que forzarlos a obedecer. Quizá tuviste que regresar a leer esa oración de nuevo. La disciplina saludable tiene como objetivo el futuro de tus hijos. Tu meta es criar adultos responsables, no solo hacerlos obedientes temporalmente. Proverbios 22:6 lo expresa muy bien: «Instruye al niño en el camino correcto, y aun en su vejez no lo abandonará». No obstante, considera que es un proverbio tanto para el padre como para el hijo y que no promete un camino llano en medio del entrenamiento.

La disciplina no solo es confrontación y consecuencias. La razón por la cual disciplinamos a nuestros hijos es para que aprendan autodisciplina y un comportamiento responsable. Para ayudarles a desarrollar responsabilidad, debes ofrecerles oportunidades para mostrar su madurez. Seguramente, en ocasiones no darán el ancho, pero a medida que tengan más responsabilidades, desarrollarán más confianza y una autoestima saludable.

> **La disciplina no solo es confrontación y consecuencias.**

Considera la disciplina como algo que haces *por* tu hijo, no que le haces *a* tu hijo. Los disciplinamos para que a la larga asuman responsabilidad por sus acciones y al mismo tiempo aprendan a rendir cuentas. Por eso, es muy importante que le digas a tus hijos con claridad cuáles son tus expectativas y los hagas rendir cuentas por sus acciones. Si no hacemos esto, se dirigen al desastre en su adultez.

GRACIA

La mayoría de los padres de hoy tuvo una crianza basada en la vergüenza y el temor. En generaciones anteriores eso era aceptable. El problema es que no dio resultados a largo plazo. Los resultados de ese tipo de crianza pueden ser tóxicos. Se levantó una generación en la cual muchas personas literalmente no sabían cómo asumir la responsabilidad por sus actos, ni cómo poner fundamentos en sus vidas para establecer límites morales. Cuando estas personas se convirtieron en padres, no les gustó la manera en que fueron criados, pero no tenían otro modelo así que volvieron al único camino que conocían. Por desgracia, la mayoría ha descubierto que tampoco le ha dado resultados, y otros se han trasladado al lado opuesto: se han vuelto muy permisivos.

En su excelente libro *Crianza llena de gracia,* Tim Kimmel hace un resumen de la filosofía que queremos tener concerniente a la gracia.

Gracia es la primera palabra que define cómo Dios trata con sus hijos. La gracia no excluye la obediencia, el respeto, los límites ni la disciplina sino que determina el clima en el cual estos elementos importantes de la crianza se llevan a cabo. Puedes ser diferente y estrafalario, pero Dios te ama con todo eso en su gracia. Puedes sentirte extremadamente incapaz y frágil en aquellos ámbitos clave de tu vida, pero Dios está a tu lado en esos ámbitos de debilidad y te hace ir hacia adelante con su gracia[2].

En estas líneas, Kimmel describe la vida llena de gracia mejor que cualquier autor que yo haya leído. Dios ayuda a los padres a derramar gracia sobre sus hijos y a distinguir entre lo que importa y lo que no. Kimmel continúa diciendo: «La gracia no baja los estándares en nuestros hogares; los sube»[3].

Algunos padres cometen el error común de pensar que si ellos incluyen la gracia en su plan de crianza, tendrán que extralimitarse en su indulgencia para con sus hijos. Eso es tan tóxico como la crianza que se basa en la vergüenza. Una mujer me dijo una vez: «Le damos todo a Tony; no puedo entender por qué sus calificaciones están tan bajas». La mujer no entendía. Si Tony recibía todo, ¿por qué tenía que esforzarse por sus calificaciones? Es natural que él pensara que sus profesores y todas las demás personas se encargarían de él sin que nada importara.

Una crianza llena de gracia no consiste en brindarles cosas a los chicos como una manera de sustituir el tiempo que los padres deberían invertir en ellos. Tampoco consiste en ceder ante sus manipulaciones como una forma de evitar confrontaciones o rechazo. La gracia en la relación con nuestros hijos les brinda seguridad y confianza. Les permite encontrar significado, amor y propósito para sus vidas con mayor facilidad. Es más fácil para ellos entender la gracia del amor de Dios cuando ven el modelo en sus padres. En última instancia, la gracia es un proceso, no un evento. El apóstol Pedro escribió: «Más bien, crezcan en la gracia y en el conocimiento de nuestro Señor y Salvador Jesucristo» (2 Pedro 3:18). Un hogar en donde la gracia abunda es un hogar que brinda seguridad.

Recientemente conversé con una madre, un padre y su hija de catorce años. Las cosas no iban bien entre la madre y la hija. La hija era respondona, le iba mal en la escuela y no escogía bien a sus amigos. En definitiva, los padres tenían razón de estar preocupados. La madre quería hablar sobre los detalles de cada problema, mientras la hija seguía diciendo: «No me amas. Todo lo que haces es quejarte de mí». En verdad, también he oído esas palabras en mi casa, y para los adolescentes jóvenes este es un método normal de defensa.

Algo que la chica dijo, y que su padre confirmó una vez ella salió de la habitación, es que sentía que nada era lo suficientemente bueno para su madre. La madre admitió que se enojaba con su hija con facilidad las veinticuatro horas del día y los siete días de la semana, ya fuera por una cosa u otra. Se sentía frustrada porque sabía que su hija podía lograr más en la escuela, escoger mejor a sus amigos y tomar mejores decisiones. No obstante, la hija oía que nunca era lo suficientemente buena en nada.

Desafié a la madre, como lo haría contigo, a encontrar cosas de la vida de su hija que pudiera elogiar para luego celebrarlas tan seguido como fuera posible. Los juicios de valor que enfatizan que «nunca eres suficientemente bueno» son fuente de profundo dolor para los chicos. La mayor parte del tiempo, ellos responden de forma acalorada, con respuestas inapropiadas y falta de respeto hacia los adultos. Brindar seguridad es un mejor método de motivación que la crítica, y la gracia disipa un sinfín de problemas en las relaciones.

LO ESENCIAL PARA LA GRACIA Y LA DISCIPLINA

Cuando los padres trabajan juntos en una misma meta, crean un lenguaje en común con expectativas expresas, lo cual hace que criar hijos responsables sea más fácil. Aquí hay seis elementos esenciales para empezar:

1. **Reglas sin comunión equivalen a rebelión.**

Todas las familias tienen reglas y expectativas, pero también necesitan comunión. Justo hoy lo experimenté. Fuimos mi hija y yo a almorzar fuera. Al momento que entramos al auto, la confronté con algunos asuntos de la universidad y otros problemas que tenía con ella en ese momento. De inmediato la puse a la defensiva. La conversación se volvió fría.

Por fortuna, recordé este elemento esencial, dejé a un lado los asuntos de la universidad en ese momento y solo comencé a preguntarle por su vida, sus amigos y cosas que no eran importantes para mí, pero que resultan vitales para ella. Su espíritu se abrió nuevamente. Hicimos lo que la mayoría de los adolescentes y preadolescentes hacen: solo salimos. Reímos y disfrutamos la compañía del uno y del otro. Cuando salimos del auto, mencionó su asunto de la universidad y tuvimos una buena conversación, ya no a la defensiva. Saber cuándo poner reglas y cuándo priorizar la relación es de tremenda ayuda para practicar la gracia y la disciplina.

2. Escoge tus batallas con sabiduría.

No vale la pena pelear por cada problema. Si te alteras cada vez más cuando tus hijos hacen algo, es probable que estés tratando de pelear muchas batallas en muchos flancos. Si vas a pelear por algún asunto, es mejor que tengas la razón y ganes. Tenemos la regla de «no discusión» en nuestro hogar. Un consejero muy sabio una vez nos dijo a Cathy y a mí: «Cuando estén lidiando con un hijo de carácter fuerte, no discutan, punto».

Déjame recordarte que no estás estableciendo una democracia. A menudo he tenido que decirle a las personas: «¡Tú eres el padre, actúa como tal!». Gana las batallas a toda costa o sufre las consecuencias. Y no olvides que puedes ganar una batalla y aun así perder la guerra. Los padres que no escogen sus batallas con sabiduría terminan sin energía y sin recursos para permanecer en lo que resta del camino.

3. Fastidiar no da resultado.

Fastidiar es una forma muy pobre de crianza. Cierra la intimidad y prepara a tus hijos para un futuro fracaso. ¿Piensas seguir a tus hijos a la universidad y fastidiarlos? Ellos tendrán la costumbre de tomar decisiones movidos por el regaño, y luego tendrán una relación poco saludable con sus cónyuges. En mi opinión, fastidiar con insistencia es una forma haragana de criar.

Un hogar lleno de negatividad y crítica simplemente engendra rebelión y cantidades exponenciales de negatividad. De hecho, aquí está el estándar bíblico en esta materia: «Y ustedes, padres, no hagan enojar a sus hijos, sino críenlos según la disciplina e instrucción del Señor» (Efesios 6:4).

4. Gritar aplasta y anula el espíritu de tu hijo.

Cuanto más gritas, menos te escuchan. El mensaje que tus hijos recibirán si les gritas de forma constante es que estás molesto con ellos; no escucharán lo que quieres decir con tus palabras. En toda relación cercana a veces nos enojamos, pero no todo enojo es malo; no obstante, gritar es una señal de que algo más sucede dentro de nosotros. Alguien una vez dijo: «Los padres necesitan madurar, no desgastar a sus hijos». Los padres que tienden a gritar descubrirán que no solo es molesto sino ineficaz.

5. No temas admitir tus errores.

Si actuaste sin pensar o sin sabiduría, salta al terreno de la disculpa. Contrario a lo que muchos padres piensan, esto no hará que el chico te irrespete; de hecho, los hará más unidos a la larga.

Recuerdo una vez cuando Christy tenía doce años, y yo me sentía perdido por completo con ella. Le grité, la avergoncé y la envíe a su habitación. Después de calmarme, y con la ayuda de la «mirada» de Cathy, me dirigí a la habitación. Me acurruqué hasta el nivel de sus ojos y le dije: «Christy, ese arrebato fue mi culpa no la tuya. Cometí un error. ¿Me perdonarías?». Mi pequeña de doce años, con lágrimas suspendidas, extendió sus brazos, me dio un gran abrazo y dijo: «Te perdono, papi, y yo también lo siento». Ese día mi hija me mostró gracia. Tú no eres perfecto, así que cuando cometas un error, disponte a admitirlo con prontitud. Ese es el tipo de modelo que tus chicos necesitan.

6. Expresa tus expectativas con claridad.

Tus hijos necesitan que establezcas los límites. Los hijos, por lo general, tienen el deseo de complacer a sus padres. Cuando cumplen las expectativas de los padres, se sienten bien y tienen un gran sentido de seguridad. Muchas emociones se pierden en el proceso de la disciplina cuando expresas tus expectativas con claridad y aun así tu hijo actúa en contra de lo que le has pedido.

Los chicos esperan las consecuencias. Te será útil hablar con tus hijos previamente sobre las mismas:

- «Jennifer, si tomas las cosas de tu hermana sin pedir permiso, escoges no ir al juego de fútbol mañana».
- «Josh, si llegas a casa después de la hora límite, escoges entregarme las llaves del auto durante dos semanas».

Una vez hayas expresado tus expectativas, sé coherente y cumple las consecuencias. Si no lo haces, les mostrarás que las reglas no importan. Como mi amigo Kevin Leman escribe: «La incoherencia es como criar a un yoyo»[4].

HABLA CON SEGURIDAD

Antes de terminar este capítulo quiero darte unas frases infalibles para ayudarte con la disciplina y la gracia. Dudo ponerlas en papel porque todavía utilizo estos métodos con mis hijas. No las considero manipulación, pero llegan al corazón de la gracia y la disciplina. Aquí están:

1. *«Entiendo tu dolor».* Las consecuencias acompañadas de

compasión genuina al menos ayudan a que tus chicos sepan que te preocupas por ellos. «El hecho de no entregar la tarea hace que pases una situación difícil. Tu profesor quiere que rindas cuentas, sé que duele tener esas bajas calificaciones. En serio, entiendo tu dolor».

2. *«Sin embargo»*. Hazles saber que escuchas su lado de la historia. Los estás escuchando, y escuchar es el lenguaje del amor. «Puedo ver cómo te sientes; sin embargo, ya discutimos las consecuencias».

3. *«Dime por qué debería dejarte hacer esto»*. Enseña y entrena a tus hijos a pensar de manera lógica sobre alguna situación. Pídeles que te den razones sólidas y bien articuladas por las cuales deberías permitirles hacer lo que están pidiendo hacer. «Quieres salir con chicos que yo no conozco y pasarte de tu hora de llegada. Dime por qué piensas que debería dejarte hacer esto».

4. *«¡La vida no es justa!»*. Mientras más pronto aprendan que el mundo no siempre es justo, más fácil será aceptar el hecho. «Siento que escogieran a otra persona, no tan buena como tú, para ese personaje de la obra. La vida no siempre es justa».

Después de leer este capítulo, no sé quién tiene más trabajo que hacer: tus hijos o tú. Imagino que tendrás que trabajar en tu propio autocontrol antes de poder pedírselo a ellos. Esto es precisamente lo que nuestro entrenador de mascotas me dijo cierta vez: «Es sesenta y seis por ciento entrenamiento de personas y un treinta y tres por ciento entrenamiento del cachorro». Como padres, quizá necesitamos aceptar la lección de la disciplina y la gracia antes de esperar que nuestros hijos la acepten. ¡Pero el resultado vale la pena! Mira lo que el escritor de este proverbio afirmó: «Disciplina a tu hijo, y te traerá tranquilidad; te dará muchas satisfacciones» (Proverbios 29:17).

CÓMO CREAR UN HOGAR LLENO DE GRACIA

¿Cuál es el punto?

1. ¿Están tú y tu cónyuge (o ex cónyuge) de acuerdo en lo concerniente a la disciplina y la gracia en el hogar?

2. ¿Cómo incide la forma en que fuiste criado o criada en la manera en que crías a tus hijos?

El propósito

1. ¿Cómo puedes mejorar con respecto a la disciplina coherente hacia tus hijos?

2. En relación a los seis elementos esenciales para criar hijos responsables, ¿qué calificación te pondrías? («A» es excelente; «D» es defectuoso).

  - ☐ Las reglas sin comunión equivalen a rebelión.
  - ☐ Escoge tus batallas con sabiduría.
  - ☐ Fastidiar no da resultado.
  - ☐ Gritar aplasta y anula el espíritu de tu hijo.
  - ☐ No temas admitir tus errores.
  - ☐ Expresa tus expectativas con claridad.

El plan

1. ¿Qué puedes hacer en estos seis ámbitos para crear una atmósfera saludable de disciplina y gracia?

a.

b.

c.

d.

e.

f.

Nota: Si has perdido mucha energía en culpar a los chicos o a tu cónyuge y no has mirado con profundidad dentro de ti, ¡no has entendido el punto de este ejercicio!

7
LA LECCIÓN DE LA BENDICIÓN

CÓMO TRAER SEGURIDAD Y HONOR A TU HOGAR

BECKY SE SENTÍA NECESITADA. Ocurría con frecuencia cuando pensaba en los padres que había tenido en su vida: su mamá y su papá, su padrastro y su madrastra. A veces deseaba haber crecido en una familia diferente. La conexión emocional con ellos había sido muy limitada, y no había existido un lazo duradero como el que deseaba tener con sus propios hijos y su esposo.

En momentos como este, Becky necesitaba que Mark le confirmara su amor. Aunque ella sabía que él hacía su máximo esfuerzo, esto no le venía naturalmente, por lo menos aún no. También él había crecido en un hogar similar.

Becky encontró a Mark en la cocina.

—¿Podemos hablar? —preguntó Becky.

—Claro, ¿qué pasa?

—He estado pensando sobre nosotros y sobre mí. Me temo que los chicos manifiesten los mismos defectos que nosotros tenemos en el ámbito de las emociones y las relaciones así como nuestras deficiencias espirituales. La conversación con Judith sobre cómo podemos ser la generación de transición me permitió ver cómo podría ser pero, ¿y si no ocurre? Deseo tanto que a Jason y Jennifer les vaya mejor que a nosotros.

Mark trató de asegurarle que estaba haciendo una buena labor como madre, pero su corazón también le dolía.

En ese preciso instante sonó el timbre de la casa. Era Judith quien aparecía en la puerta cargada de regalos: un pastel de fresas y helado de vainilla francesa. Cuando Mark la invitó a pasar, ella pidió disculpas: «Espero no estar molestando, pero pasaba por el vecindario y pensé que quizá querrían este pastel. Solo me quedaré por un momento».

¿Cómo sabe que ese es el postre favorito de Becky? Mark se preguntó. Y, *¿cómo sabe dónde vivimos?* Seguía intrigado. Él conocía la rutina: habría una lección que aprender sobre el pastel. Al llevar a Judith dentro de la cocina, Mark tenía una expresión de «¿adivina quién ha venido?» en su rostro.

De inmediato, Judith notó que Becky había estado llorando.

—¿Qué ocurre, querida?

Becky no logró detener las lágrimas. Le tomó algunos minutos reponerse para contestar la pregunta.

—Judith, has ayudado tanto a nuestra familia, pero siento como si todavía estuviera lidiando con asuntos propios de mi niñez y adolescencia. No siento que sea una buena madre. No creo ser una buena persona, y ahora me preocupa que nuestros hijos se vuelvan igual.

—Por desgracia, Becky, tú no recibiste el tipo de bendición de tus padres que puedes ofrecerles a tus hijos —prosiguió Judith, mientras servía el pastel y el helado en los platos que

Mark había sacado. Los hijos sufren por la falta de la bendición de sus padres. Es una especie de dolor que carcome la relación. Afecta su autoestima, confianza y habilidad para tener relaciones saludables en la medida en que crecen. Puede, incluso, llevarlos a dudar de su valor ante Dios.

Becky sostuvo la mirada de Judith.

—Esa soy yo. Acabas de describir mi vida.

Mark asintió.

Judith continuó:

—Para superar esa falta de bendición en tu vida es necesario entender la profundidad del amor de Dios para ti. Él te ama mucho, Becky. ¿Sabías eso?

—Empiezo a comprenderlo.

—Bueno, porque puedes y necesitas brindarles a tus hijos una bendición clara e inspirada por Dios sobre el amor y la aceptación. Tu confianza en Jason y Jennifer y tus bendiciones para ellos les otorgarán salud relacional, física y espiritual. Les brindará un sentido de significado y propósito.

—Pero, ¿cómo les brindamos esta bendición a nuestros hijos si no la recibimos al crecer? —preguntó Becky.

Judith respondió de inmediato:

—Buena pregunta. Tienes ejemplos hermosos en las Escrituras y en la experiencia de otras personas que te han precedido. Una forma en que puedes bendecir a tus hijos es mostrándoles que crees que ellos pueden convertirse en todo lo que Dios desea que sean. También puedes echar mano de rituales que honren a Dios y experiencias que les muestren tu amor para celebrar los tiempos especiales en sus vidas (puedes llamarlos ritos de transición). Jesús nos enseñó el poder de las bendiciones verbales y a interactuar con las personas en diferentes situaciones. En muchas ocasiones, Jesús cargó niños en sus brazos y los bendijo.

»Becky y Mark: el mayor regalo que les pueden dar a sus

dos hermosos hijos es la bendición del amor y la aceptación al transmitirles el amor de Dios que nunca falla. Esto les dará la fuerza y la seguridad para tomar decisiones acertadas y sabias en sus vidas.

Judith vio su reloj y con una sonrisa dijo: «¡Tengo que irme!».

Mark meneó su cabeza mientras terminaban de comer el pastel. «No entiendo a esta mujer. Tanta sabiduría... mezclada con tanto misterio», dijo.

Pero Becky estaba sumergida en sus propios pensamientos. Sin duda, pensaba cómo podrían traer la bendición a la vida de Jason y Jennifer.

RENEE ERA UNA NIÑA SOLITARIA y aislada. Desde pequeña tuvo que mudarse en repetidas ocasiones porque su madre era adicta a las drogas. Conocía poco de su padre, quien se reportaba una vez al año. Pero cuando a la madre de Renee la encarcelaron, él desapareció del todo y la pequeña quedó a cargo del Estado a la edad de siete años. Aunque el sistema de cuidado de crianza temporal funciona bastante bien, no fue perfecto para Renee. Estuvo sujeta a todo tipo de abusos y la burocracia no estuvo a su favor.

A la edad de dieciséis años, Renee ansiaba alejarse de todo, de todo lo que parecía ser la causa de su infelicidad. Ella anhelaba ser libre para ya sea salir adelante por su cuenta o para quitarse la vida. No sabía qué opción sería la mejor. Un día, su trabajadora social sacó un pedazo de papel y le dijo: «Renee, tenemos una familia que desea hacerse cargo de ti». Con eso, la enviaron a otro hogar. Renee pensó que sería el último antes de encontrar la libertad.

Pero esa familia era diferente. Oraban antes de comer. Reían y jugaban juntos. Entre ellos existía una conexión que Renee nunca había visto o experimentado. Había una clase de inocencia tranquila en sus vidas. *¿Qué no saben lo difícil y brutal que es el mundo?* Con el correr del tiempo, Renee descubrió que sus padres sustitutos habían sido abandonados en su infancia y que se habían conocido en un orfanato. Ellos también habían experimentado el rechazo. También había abuso y promesas rotas en sus vidas. Pese a ello, de alguna forma, habían logrado encontrar la vida más significativa que Renee había visto jamás.

Seis meses después de recibirla, los nuevos padres sustitutos (aunque la joven nunca les llamaba «padres» a estas personas) se le acercaron y le pidieron un momento para conversar. Parecían estar muy serios, y Renee pensó que la enviarían lejos otra vez. El padre sustituto dijo: «Renee, nos sentimos honrados por tenerte en nuestro hogar. De hecho, te amamos mucho». Las lágrimas comenzaron a acumularse en los ojos de la muchacha, ya que la única vez que había escuchado esas palabras fue cuando un chico abusó sexualmente de ella a la edad de catorce años. Aunque sabía que él mentía, deseaba tanto creer su mentira que se quedó con él durante varios meses.

«Renee, queremos que consideres convertirte en nuestra hija adoptiva. Queremos ser tu papá y tu mamá para toda la vida. Queremos amarte y apoyarte; queremos que seas parte de nuestra familia. Los niños están de acuerdo, quieren que seas su hermana». Sus padres sustitutos la miraron con esperanza y un poco de nerviosismo. Renee permaneció sentada y perpleja. No sabía qué decir. Entonces, su madre sustituta se inclinó y besó a la chica, además la abrazó y le dijo que la amaba.

La madre sustituta percibió la incertidumbre de Renee. «Cariño, es obvio que eres lo suficientemente grande para decidir, pero en mi mente, desde el instante que entraste a esta casa, supe que estabas destinada para ser mi hija. Creo que Dios tiene un plan grandioso para tu vida. Te ayudaré a hallar tu camino», dijo.

Luego, el padre sustituto apartó una mecha de la mejilla de Renee, la cual ella usaba para esconder una marca de nacimiento que no le gustaba, y con un amor y una ternura de padre la besó en esa parte que siempre la había avergonzado. «Si quisieras, me honraría ser tu padre para siempre».

Pasado más de un año, en su décimo octavo cumpleaños, Renee se convirtió en un miembro legítimo de la familia Burrows. Fue una gran celebración y una ocasión de júbilo. Sin embargo, desde el primer momento en que le pidieron unirse a la familia, Renee supo que había recibido la bendición de la seguridad y el honor de parte de sus nuevos padres. No fue sino hasta que se casó que se dio cuenta de que sus padres habían proferido una palabra de bendición para su vida que cambiaría su rumbo generacional por la eternidad.

Es probable que la historia de Renee no sea más que la historia de tu familia. Aun así es una pena que tantas familias de hoy día no tomen la iniciativa para brindarles bendiciones generacionales y deliberadas a sus hijos. Es común leer en el Antiguo Testamento historias sobre padres que han concedido una bendición a sus hijos y a los hijos de sus hijos. Las personas tomaban esas bendiciones con seriedad y las concedían con reverencia. La mayoría de las familias no toma la iniciativa para conferir, conceder ni celebrar las bendiciones bíblicas para sus hijos porque, en realidad, no saben cómo hacerlo. Si esto es así en tu caso, hoy es el día para aprender cómo las bendiciones te pueden ayudar a convertirte en la generación de transición.

La mejor defensa para un niño que busca aceptación y seguridad en los lugares equivocados es brindarle la bendición del amor y la aceptación en casa. No podemos predecir el futuro de nuestros hijos, pero a través de una clara transmisión de la bendición, podemos animarles a fijarse metas significativas y un fuerte sentido de autoestima. Con una bendición bíblica, podemos sacar lo mejor de nuestros hijos en términos de un carácter que honre a Dios y valores morales sólidos.

Los hijos sufren cuando no reciben la bendición del amor, seguridad y confianza en ellos. Si esta bendición no se otorga en el matrimonio o en la experiencia de ser padres, las necesidades insatisfechas de seguridad y aceptación corroen el interior. Es muy probable que nunca hayas tenido un sentido de bendición por parte de tus padres, pero tus hijos pueden experimentar ese increíble sentido de seguridad y honor.

El doctor Walt Larimore, médico y escritor, llama a esa bendición de crianza el «A, B, C y D de la crianza de tus hijos»[1]. La **A** significa amor libre de culpa. En ocasiones, los chicos no se comportan bien, eso es parte de la «descripción de su trabajo». Cuando eso ocurre, no necesitan que sus padres los condenen. Necesitan saber que, pese a todo, seguirán siendo amados y aceptados, aunque deban vivir con las consecuencias de sus actos. La **B** implica brindar seguridad (un hijo que recibe seguridad también obtiene confianza). La confianza debe provenir de los padres en primera instancia, si acaso va a provenir de los demás.

La **C** de Larimore implica conexión. Esta es una bendición importante. Los hijos necesitan sentir la conexión con sus padres, lo que a menudo sucede a través del poder de simplemente estar ahí para ellos. La **D** no suena mucho a bendición, pero significa disciplina. La bendición que tus hijos reciben mediante una disciplina coherente los mantendrá en el camino correcto. La Biblia es clara cuando afirma que los padres que no disciplinan a sus hijos no los aman apropiadamente. Con estos pensamientos en mente, veamos que existen diversas formas para ofrecerles una bendición a tus hijos.

PROFIERE LA BENDICIÓN

Tus palabras tienen un gran poder sobre tus hijos. El escritor de Proverbios lo dice de esta manera: «En la lengua hay poder de vida y muerte» (Proverbios 18:21). Mi madre me profirió una bendición inolvidable antes de morir. Ella sufría cáncer y ya había sido transferida al programa de cuidado para enfermos terminales. Su muerte era solo cuestión de tiempo. Casi a diario yo manejaba los cuarenta y cinco minutos de distancia hacia la casa de mis padres. En ese entonces, nuestras conversaciones eran muy emotivas. A veces reíamos y llorábamos, otras veces solo permanecíamos en silencio. Conforme mi madre se iba debilitando, pensaba sobre mi compromiso de hablar ante ocho mil estudiantes en Colorado.

Con los años, he establecido la norma de nunca cancelar un compromiso para dar una conferencia. Sin embargo, en esta ocasión llamé a un amigo que estaba a cargo de la actividad y le expliqué mi situación. También le dije que había contactado a un orador quien, en mi opinión, es uno de los mejores comunicadores juveniles del mundo. Vivía en Denver en ese tiempo y me había dicho que con gusto me sustituiría si era necesario. El líder de la conferencia me agradeció por tener un plan alternativo, pero me dijo: «Si puedes venir, todavía queremos que vengas».

Un día antes del viaje fui a ver a mi mamá. Me impresionó lo que vi. Estaba sentada en la cama y me sonrió.

«Jimmy, pensaba que ibas a Colorado a dar la plática a los chicos», dijo. No supe qué decir. Hacía dos días habíamos planificado su funeral. Ella tenía tanta morfina en su cuerpo que no podía pronunciar una oración completa. Ahora estábamos conversando.

Mi papá entró al cuarto. «¡Hey! Creía que estabas fuera de la ciudad», me dijo. Como si hubiera leído mi mente, agregó: «Ella no irá a ningún lado. Vete a Colorado, háblales a esos chicos y regresa. Aquí estaremos».

Llamé a Cathy, que había estado tan preocupada como yo por el hecho de salir de la ciudad aun por veinticuatro horas. Yo soy el eterno optimista, y Cathy, en realidad, no me creyó cuando le dije lo bien que estaba mi mamá. Al día siguiente hice mis maletas para salir para Colorado. Pero antes de marcharnos al aeropuerto, Cathy y yo quisimos ir a la casa de mis padres nuevamente para reportarnos. Ahí estaba mi mamá, otra vez sentada en la cama, viendo la televisión.

«Jim, Cathy, es bueno verlos. Jimmy, pensaba que ibas a Colorado». Miré a Cathy, quien hizo una señal de aprobación discreta.

Vacilante, le dije: «Mamá, solo puedo quedarme un minuto porque tengo que abordar el avión». Conversamos durante un breve tiempo y luego nos fuimos.

Esa noche hablé en el estadio de la Universidad Estatal de Colorado, después me detuve en Denny's para comer un bocado y luego regresé al hotel. Iba a hablar una vez más antes de volver a California. La luz roja del teléfono de mi habitación parpadeaba. Era un mensaje de Cathy. La llamé y me dio la noticia: mi mamá había muerto tranquilamente esa noche. Más tarde llamé al liderazgo de la conferencia y les dije que necesitaba retirarme y no podía dar una nueva plática a los estudiantes. Tomé el primer avión rumbo a casa.

Luego de una noche sin dormir, mientras iba sentado en el avión pensé: *¿Cuáles fueron las últimas palabras que me dijo mi mamá?* Luego caí en la cuenta. En nuestra prisa por salir, me pidió que regresara a un costado de su cama y susurró:

«Jimmy, te amo y estoy orgullosa de ti». Después de eso, la besé en la frente y salí apresuradamente.

Comencé a llorar mientras iba en el avión. Y desde entonces, esas palabras de bendición que mi mamá me dijo al final de su vida me han sostenido. Fueron palabras simples, directas, y aun ahora que las escribo, me traen seguridad y aceptación. Así como la bendición de mi mamá, tus palabras pueden ejercer un gran poder para bendecir a tus hijos.

Mi amigo Randy Phillips, ex presidente de Guardadores de Promesas, me pasó un pensamiento que alguien le había enseñado: «Un hombre no es un hombre hasta que su papito le dice que lo es». Tus palabras tienen el poder de destruir o curar. Usa tus palabras para sacar lo mejor de tus hijos. Esto es importante en momentos formales e informales. Muchos hijos de hogares bien intencionados cuestionan el amor y la aceptación de sus padres simplemente porque sus mamás o sus papás no les profirieron palabras directas de bendición. Ningún hijo debería tener que cuestionar el amor de sus padres.

> **Tus palabras tienen el poder de destruir o curar.**

No tienes que ser elocuente o tener tu vida bajo control para decir palabras de bendición. El amor es el único requisito que necesitas. Aun si las palabras no te salen de manera correcta, tus hijos entenderán el mensaje de tus emociones. En la medida en que los chicos crecen, las palabras de bendición pueden, en ocasiones, hacerlos sentir extraños. Pero eso no importa. ¡Profiere palabras de bendición con frecuencia! No existe un ser viviente que haya deseado recibir *menos* palabras de bendición de sus padres.

Mi amigo Craig murió hace unos años. Solo tenía treinta y ocho años. Su esposa no sabe si él tenía alguna idea sobre su muerte inminente, pero en la misma semana que murió, Craig escribió una carta para cada uno de sus tres hijos. Les dijo cuán orgulloso estaba de ellos y cuánto los amaba. A través de su bolígrafo, les confirió palabras de bendición. Hoy día sus hijos están agradecidos. Cuando recibieron esas cartas, no tenían idea de que esas serían las últimas palabras de bendición de su papá. Nuestros días en la Tierra nos son desconocidos; no te retrases, brinda el regalo de la bendición.

CREE EN LA BENDICIÓN

El poder de mostrar tu confianza en tus hijos puede ser aun más importante que las palabras por sí mismas. Hace más de veinte años, John Trent y Gary Smalley escribieron uno de mis libros favoritos sobre la crianza de los hijos. Se titula *La bendición*[2]. En ese libro, los autores escriben: «La mejor defensa contra el deseo de aceptación imaginaria de un hijo es brindarle aceptación genuina. Al proveerle a un hijo aceptación genuina y seguridad en casa, puedes reducir en gran medida la posibilidad de que él o ella busque aceptación en los brazos de un miembro de un culto o de alguna persona en una relación inmoral»[3].

El pacto de la bendición de Dios se hizo con Abraham originalmente. Dios creyó en Abraham y lo bendijo. En su bendición, Dios le prometió a Abraham que su descendencia sería bendita de generación en generación. Hoy día, nuestra tarea como padres es brindarles esa misma bendición a nuestros hijos.

Cuando creemos en nuestros hijos, los apreciamos por quienes son, no por lo que quisiéramos que fueran. Algunas personas tratan de intervenir y jugar a ser Dios en las vidas de sus hijos. Con los años, he conocido adultos que sentían que sus padres los forzaron a estudiar carreras o a tomar algún rumbo en la vida. Como padres, caminamos por un camino delicado. Aun así, la mejor confianza y bendición que podemos mostrar para con nuestros hijos es que ellos posean un sentido de amor y de aceptación que nunca falla.

Esta no es una tarea fácil en el mundo de hoy donde como padres nos podemos consumir por la preocupación de que nuestros hijos obtengan buenas calificaciones para estudiar en la universidad, escojan buenos amigos y lidien con todas las demás presiones que los chicos enfrentan. Sin embargo, los jóvenes más sanos y exitosos son aquellos cuyos padres confían en ellos. La mayoría de los chicos batallará en ocasiones con una pobre imagen de sí mismos. Saber que sus padres creen en ellos puede sacarlos a flote. No olvides que la diferencia entre chicos que lo logran y chicos que no lo logran es, a menudo, simplemente un adulto comprensivo.

SÉ LA BENDICIÓN

Los jóvenes más sanos y exitosos son aquellos cuyos padres confían en ellos.

Tú eres el modelo a seguir para tus hijos. Nadie te está pidiendo perfección, pero les mostrarás la bendición a tus hijos por tus acciones más que por cualquier otro medio. Me encanta lo que escribió el apóstol Juan al final de sus días: «Queridos hijos, no amemos de palabra ni de labios para afuera, sino con hechos y de verdad» (1 Juan 3:18). En una conversación sobre esta misma idea que tuve con un grupo de personas, un hombre dijo lo siguiente: «En verdad nunca pensé ser un modelo a seguir para mis hijos. Siempre estábamos tan ocupados con el trabajo, la escuela, los deportes, la iglesia y los malabares de todo lo demás que la vida se nos escapó de las manos. Ahora desearía haber sido más deliberado para ser su mentor». Tiene mucha razón. La mayor parte del tiempo es difícil tan solo llegar al final del día sin que ocurra un desastre, mucho menos pensar en ser un modelo a seguir para nuestros hijos. No obstante, un padre confiado hace tiempo para entender cómo lograrlo y es deliberado para llegar a ser la bendición.

Tú eres un mentor para tus hijos. Los estudios nos dicen que, para bien o para mal, tú eres la persona más influyente en las etapas más importantes de sus vidas. Ser un mentor es un concepto muy antiguo. La primera vez que se introdujo esa palabra fue en el libro de Homero, *La Odisea*. Ulises se fue a pelear la Guerra de Troya, y le encargó a su amigo de confianza Mentor que le administrara sus asuntos mientras él estaba lejos. Esto es muy similar a lo que ocurre con nuestros hijos. Llegará el día en que ya no estemos cerca, así que, desde el día en que nuestros hijos nacen, estamos en el proceso de dejar un legado a la nueva generación.

Si entendemos que ser mentores es una manera de bendecir a nuestros hijos, veamos ahora cuatro ejemplos de la Biblia sobre ser mentores:

1. *Jesús y sus discípulos: Ser auténticos.* Jesús pasó «viviendo la vida» con sus discípulos. Así como tu familia, ellos pasaban su vida diaria juntos. Se peleaban, jugaban, tenían una o dos relaciones que demandaban mucha atención. Ellos observaban cómo Jesús cumplía las tareas del día, lo miraban y conocían sus hábitos. Por supuesto, Jesús era perfecto, nosotros no. El asunto es que a los chicos les sería difícil relacionarse con padres que fueran perfectos, por lo que la autenticidad es una de las mejores formas para ser mentores.

Cathy se sienta en su silla favorita en su tiempo diario a solas con Dios. Cuando Heidi era más joven, se sentaba justo ahí para hacer sus devocionales. Los mejores momentos espirituales con mis hijos rara vez ocurren en un ambiente formal de enseñanza, sino cuando estamos viviendo la vida juntos. Tus hijos necesitan ver tu vida diaria, tu fe y hasta las veces en que eres vulnerable. Una vez escuché a un misionero decirle a una congregación: «Tú eres el único Jesús que las personas conocen». Tú eres el único Jesús que tu hijo conoce.

2. *Elí y Samuel: Instrucción al oír la Palabra de Dios.* Es probable que recuerdes la historia: Elí era el maestro del joven Samuel. Mientras Elí dormía, Dios le habló a Samuel. Este no reconoció la voz de Dios, por lo que interrumpió el sueño de Elí en tres ocasiones. Finalmente, Elí entendió que Dios le hablaba a Samuel, y Elí le enseñó cómo responder a la voz de Dios.

La manera más eficaz para ser mentores de tus hijos para que escuchen la Palabra de Dios es que ellos te vean leyendo y escuchando su Palabra. A través de eso, les enseñas y permites que otra generación sea capaz de escuchar y responder a Dios.

3. *Moisés y Josué: Traspaso de la sabiduría.* Al leer sobre Moisés y Josué, puedes ver que Moisés era muy deliberado para traspasar su sabiduría y preparar a Josué para la Tierra Prometida. Igualmente, tú estás en una relación en la que es tu responsabilidad traspasar la sabiduría a tus hijos en los tiempos apropiados de su vida.

En el capítulo 3 mencioné que aproximadamente cada seis meses Cathy y yo nos reunimos para hablar sobre cada una de nuestras hijas. ¿Cómo les está yendo? ¿Qué les podemos enseñar en los siguientes seis meses? Hablamos sobre la escuela, la sexualidad, la vida espiritual, las amistades, entre otros temas. Luego hablamos sobre nuestro rol como padres, sobre cómo podemos mejorar. En estas pláticas hemos descubierto que es más fácil encontrar en las vivencias diarias un momento para enseñar siempre y cuando hagamos un esfuerzo deliberado. Por ejemplo, en una reunión decidimos que queríamos conversar con Heidi sobre una cuestión del noviazgo. Un tiempo después, nos encontrábamos viendo un programa de televisión que resaltaba cuestiones del noviazgo y similares. El programa fue un catalizador para una excelente conversación.

Tú tienes sabiduría, solo encuentra maneras creativas para impartirla a tus hijos para que no la perciban como si proviniera de la escuela o de una charla.

4. *Pablo y Timoteo: Pasar momentos juntos en la vida.* Pablo llamó a Timoteo su hijo y lo trató como tal aun cuando Timoteo tenía otros padres. Al vivir, trabajar y viajar juntos, Pablo le traspasó su sabiduría a Timoteo. Cuando a diario pasas momentos junto a tus hijos, tus hábitos, carácter y estilo de vida los bendecirán. Me encanta una ilustración que John Trent cuenta sobre su mamá. John es un consejero cristiano, su hermano gemelo es físico y su

otro hermano trabaja con equipo pesado. Cuando entras a la casa de su anciana madre, encuentras una librera con tres repisas. Una repisa contiene libros sobre psicología y teología, otra contiene libros sobre medicina y la última repisa muestra su creciente colección de la revista *Heavy Equipment Digest*. La mamá de John es una mujer que entiende que la forma más eficaz para relacionarse con sus hijos, aun cuando estos son adultos, es entender su mundo y pasar momentos con ellos.

CELEBRA LA BENDICIÓN

Tuve la oportunidad de escuchar una grabación sobre la experiencia de un rito de transición que tuvo un jovencito llamado Taylor en ocasión de su décimo tercer cumpleaños. Aunque la calidad de sonido era pésima, el contenido era increíble. A diferencia de la fe judía que tiene una maravillosa experiencia de bas o bat mitzvah, los cristianos todavía buscamos la manera de reconocer este hito en las vidas de nuestros hijos e hijas. En el caso de Taylor, el rito consistió en una reunión en la sala de su casa con su papá, su mamá y otros seis adultos que hasta esa fecha habían caminado con él en la vida. Los otros seis eran su pastor del grupo de jóvenes, un tío, un entrenador, un líder de estudio bíblico y dos amigos cercanos a su familia.

El grupo entró a la casa después de tener una barbacoa en el patio. La mamá de Taylor comenzó la ceremonia con una lectura de las Escrituras para luego brindarle consejos maravillosos. Cada persona tomó su turno para darle unas palabras a Taylor. Lo animaron, lo desafiaron a alcanzar sus metas y pasaron un buen momento con él entre risas. Por lo menos tres personas lloraron al hablar. Podías sentir la emoción. Fue como si caminaran en una tierra santa.

Me contaron que Taylor, quien por naturaleza es tímido, estaba parado en una esquina al principio. Con su lenguaje corporal, él gritaba: «¡Terminemos esto!». Cuando la reunión acabó, con un tiempo formal para imponer manos y orar por él, su semblante había cambiado. Sabía que algo muy emocionante y memorable había ocurrido. La cinta continuó y se escuchaba que las personas se marchaban y seguían prometiendo su apoyo a la vida de Taylor. El impacto positivo de esta experiencia está destinado a acompañarlo a lo largo de los años.

> **Una forma de brindarles a tus hijos una bendición es celebrar sus hitos.**

Una forma de brindarles a tus hijos una bendición es celebrar sus hitos, y los ritos de transición son una manera de hacer justamente eso. La mayoría de las culturas se esmeran más en esto que nosotros. Sin embargo, es algo que podemos cambiar en esta generación. Me emociona ver la cantidad de literatura y expertos disponibles en este ámbito que están trabajando en la idea de celebrar los ritos de transición con la bendición de los padres. Jim y Janet Weidmann y J. Otis y Gail Ledbetter escribieron en su libro *Spiritual Milestones* [Hitos espirituales] que celebrar un hito espiritual en la vida de un hijo es una manera excelente de terminar un período de instrucción por parte de los padres. La práctica, según los autores, brinda a los padres «una forma eficaz de tratar asuntos espirituales y del desarrollo crítico, a menudo, antes de que se vuelvan problemáticos»[4].

Mi madre tenía una filosofía de vida maravillosa: *Celebra todo*. De hecho, su frase favorita era: «¡Es tiempo de fiesta!». Aun en su servicio funerario, llevamos un globo de colores brillantes que decía «¡Es tiempo de fiesta!» Eso puede sonar extraño pero tuviste que haber conocido a mi mamá.

Los ritos de transición y los hitos en la vida son oportunidades maravillosas para celebrar todo lo que respecta a tu hijo. Desde que tengo memoria, para cada cumpleaños nuestra familia se reúne alrededor de la mesa del comedor y dice tres «cosas favoritas» sobre el cumpleañero. En ocasiones me he preguntado si eso dará resultado, pero luego, en el siguiente cumpleaños, iniciamos el proceso y este se vuelve un tiempo increíble de bendición. No tienes que hacerlo solo en los cumpleaños... ¡conozco a una familia que celebra la pubertad y la menstruación! También, las ceremonias de graduación desde el jardín de infantes hasta la universidad son motivos extraordinarios para celebrar y ofrecerle una bendición a tu hijo.

Algunas iglesias realizan una labor estupenda para confirmar espiritualmente la fe de sus jóvenes. El desafío consiste en organizar algo que sea significativo tanto para ellos como para sus padres. Celebrar y confirmar las experiencias espirituales son procesos esenciales para reconocer los cambios en el proceso de fe de tu hijo. En un programa de estudios que elaboré hace algunos años y que titulé *Confirming Your Faith* [5] [Confirma tu fe], dividí los tiempos de confirmación en tres áreas: lo que creo, mis compromisos y Dios me usa. Considero que las familias deben celebrar eventos como el bautismo, la comunión y otras experiencias espirituales.

También podemos celebrar la membresía de la iglesia, la profesión de fe, el compromiso en cuanto a la pureza sexual o aun la toma de decisión de pasar tiempo con Dios de forma constante. Todas estas experiencias pueden ser un motivo de celebración y un tiempo de dedicación y remembranza. Asimismo, sugiero que celebremos las ocasiones en que Dios ha usado a nuestros hijos en su servicio, en que han descubierto sus dones espirituales, o aun cuando han hablado de su fe. Estas cosas no son necesariamente las que consideramos como ritos de transición para celebrar, pero podrían serlo.

Cathy y yo iniciamos una tradición con nuestras tres hijas para bendecir su maduración física a través de una celebración especial. A nuestra hija mayor, Christy, a sus once años y medio de edad, Cathy la llevó a un hotel para pasar una noche divertida solo para chicas. Se fueron de compras, disfrutaron una comida deliciosa y pasaron un tiempo fenomenal. Durante esas veinticuatro horas lejos de casa, leyeron un libro sobre sexualidad. Ese tiempo les sirvió para celebrar y aprender sobre la sexualidad que honra a Dios. Cathy hizo lo mismo con Rebecca y Heidi. Nos pareció gracioso pues entre ellas se había corrido la voz de que, en efecto, hablarían sobre el sexo pero también tendrían nueva ropa y ¡buena comida!

Cuando cada una de mis hijas cumplió dieciséis años, yo fui su primera «cita». Cada una escogió el lugar para pasar la noche. Hicimos cosas similares a las que habrían hecho con su mamá, como ir de compras y disfrutar una buena cena, pero durante nuestras veinticuatro horas lejos de casa y sobre la base de las Escrituras, desafié a las chicas a vivir en pureza sexual. Tuvimos un tiempo especial para conversar y orar. La experiencia de cada chica fue muy diferente, pero el mensaje y la bendición fueron similares.

Hasta ahora nos hemos enfocado más en las celebraciones espirituales, pero hay otras celebraciones y ritos de transición que también son importantes. Aunque no es exhaustiva, aquí hay una lista de ocho ideas:

1. Una graduación al pasar de grado.
2. La graduación de la escuela primaria, media, secundaria o de la universidad.
3. La pubertad.
4. Ocasiones especiales de los Exploradores, las Muchachas Guías, la Pequeña Liga de Béisbol, presentaciones de danza, etcétera.

5. La obtención de la licencia de conducir.

6. El primer empleo.

7. La compra de un automóvil.

8. Una boda.

Una de mis historias favoritas sobre una bendición familiar y una celebración se centra en una combinación padre-hijo sin precedentes. En 1962, Dick y Judy Hoyt tuvieron su primer hijo, Rick. Cuando Rick nació, su cordón umbilical estaba enrollado alrededor de su cuello, lo que impedía que le llegara oxígeno al cerebro. A los Hoyt les dijeron que Rick quedaría en estado vegetativo por el resto de su vida. Por fortuna, ellos no estuvieron de acuerdo con el diagnóstico. Rick creció y experimentó un progreso sorprendente. En un momento dado, pudo usar una computadora para comunicarse. Luego de tres años lo admitieron en una escuela pública. Unos años después, Rick le dijo a su papá que deseaba participar en una carrera de cinco kilómetros a beneficio de un atleta local que había quedado paralítico a raíz de un accidente. Dick accedió a empujar su silla de ruedas durante la carrera. Desde entonces, Rick y su padre, conocido como el Equipo Hoyt, han competido en unos novecientos eventos, incluyendo más de sesenta maratones y doscientos triatlones.

¿Por qué un padre corre, nada y participa en carreras ciclísticas con su hijo discapacitado en estos eventos? Porque el día que terminaron sus primeros cinco kilómetros, su hijo le dijo a través de la computadora: «Papá, cuando estábamos corriendo, sentí que ya no era discapacitado».

Cualquier persona puede celebrar un rito de transición y darle a su hijo la bendición que necesita. Sin importar la edad de tus hijos, comienza hoy a ofrecerles una bendición y a celebrar su relación con Dios y contigo. Son escasos los hijos que rehúyen de las bendiciones de sus padres. Por otro lado, el número de personas que desean haber recibido una bendición de sus padres es muy significativo. Así es que ve y celebra de modo intencional a tus hijos a través de una bendición.

CÓMO TRAER SEGURIDAD Y HONOR A TU HOGAR

¿Cuál es el punto?

1. Después de leer este capítulo, ¿crees que tus hijos perciben las bendiciones que les has conferido? (Obviamente, esto es muy subjetivo).

2. ¿Recibiste algún tipo de bendición de tus padres? Si fue así, ¿de qué forma te resultó significativa?

El propósito

1. ¿Qué cosas específicas estás haciendo para traer seguridad y honor a tus hijos en el hogar?

2. ¿Cómo se vuelve esta acción una forma de bendición para ellos?

El plan

1. Qué deseas hacer para cada uno de tus hijos en los próximos meses de modo que:

   Profieras la bendición

   Creas en la bendición

   Seas la bendición

   Celebres la bendición

8
DE GENERACIÓN A GENERACIÓN

CÓMO DEJAR UN LEGADO DURADERO

MARK Y BECKY LLEGARON TARDE a la iglesia. El servicio ya había comenzado, así que en silencio se fueron hacia la parte trasera del templo cuando el director de alabanza terminaba la última canción. En la prisa por sentarse, no se percataron de quién estaba sentada cerca de ellos. Pero cuando Mark y Becky dirigieron su mirada hacia su izquierda, por primera vez en mucho tiempo genuinamente se sorprendieron de ver a Judith, sentada justo a su lado. ¡En su iglesia! Ella sonrió y los saludó de forma discreta mientras se acomodaban.

El mensaje del pastor fue particularmente fuerte esa mañana. Les mostró a través de la Biblia cómo los padres pueden dejar un legado de fe a las próximas generaciones. Después de todas las lecciones que Mark y Becky habían recibido, este mensaje parecía encajar con lo aprendido.

Habían discutido el asunto antes y querían pasar su fe y sus valores a sus chicos, pero no sabían con exactitud qué hacer ni cómo hacerlo. El pastor recordó a la congregación que Dios es un Dios generacional y resaltó Génesis 17:7, donde Dios dice: «Estableceré mi pacto contigo y con tu descendencia, como pacto perpetuo, por todas las generaciones. Yo seré tu Dios, y el Dios de tus descendientes». De alguna manera, este mensaje era para Mark y Becky. Sabían que era importante.

Cuando terminó el servicio, Judith parecía bastante conmovida. Becky fue más sensible que Mark ante ello, y le preguntó a Judith si se sentía bien.

Ella no respondió la pregunta de forma directa, en su lugar dijo:

—Me gustó el mensaje de hoy. Brindó mucha confianza y esperanza. Qué maravilloso es que los padres aprendan que el legado más importante es pasar su fe de generación a generación. Es un privilegio y una responsabilidad.

Becky, consciente del tono entristecido de Judith, dijo:

—Judith, quiero hacer eso por mi familia con todo mi corazón, pero no me siento preparada ni equipada.

—Ah, pero sí lo estás. Con todas las lecciones sobre las que hemos conversado y los cambios que han hecho, se están convirtiendo en padres de la generación de transición. Tú también Mark. Ambos tienen lo que se necesita para formar un legado de fe para sus hijos y sus nietos. Ahora, sigan esforzándose y, con la ayuda de Dios, verán resultados maravillosos —respondió Judith.

—¿En serio lo crees? —preguntó suplicante Becky.

—Sí, solo estoy triste porque no veré el progreso de tu familia en primera fila —respondió.

—¿Por qué Judith?

—Sí, ¿te marchas? —añadió Mark.

—Sí, debo irme —respondió Judith, mientras les daba un cálido abrazo a cada uno—. Hay mucho por hacer y mucho por enseñar y ustedes han aprendido las lecciones de la crianza de los niños, ambos estarán bien.

TE HAGO UNA PREGUNTA: ¿Puedes identificar los primeros nombres de alguno de tus tatara tatarabuelos? Supongo que no. Sé que yo no puedo, no obstante, para bien o para mal tus tatara tatarabuelos te influyeron. Tienes algo de su apariencia, sus predisposiciones biológicas y hasta algunos de sus rasgos de personalidad. Es probable que tus padres hayan sido las personas directamente más influyentes durante tu niñez, así como para ellos lo fueron sus padres.

En verdad, son pocas las personas que invierten tiempo en pensar cómo dejar un legado de fe para las futuras generaciones en su familia, pero esa es una de las tareas más grandes mientras estamos en la Tierra. En definitiva, es una idea importante para nosotros en *HomeWord* cuando decimos: «El propósito de *HomeWord* es instruir a los padres. Los padres son mentores de sus hijos, y el legado de fe continúa de generación en generación». Me doy cuenta de que estas metas parecen bastante elevadas y hasta atrevidas, en especial cuando la mayoría de nosotros simplemente tratamos de encontrar energía para llegar al fin de semana. Sin embargo, formar un legado es nuestro llamado más importante en la vida.

Muchos, muchos años atrás, una noche en la antigua Pekín, China, un mendigo yacía sobre la alcantarilla. Era un alcohólico, un ladrón y un vagabundo a quien nadie extrañaría. Durante toda la noche, aquel hombre estuvo cerca de su muerte hasta que finalmente un hombre amable y de espíritu gentil lo vio. Le dio la bienvenida en su casa y lo cuidó hasta que recuperó su salud. Mientras el mendigo vivía en la casa del caballero, recibió el conocimiento y la esperanza de la salvación en Cristo Jesús. Aquel mendigo se convirtió en el primer predicador del evangelio de Cristo en China a escala nacional, similar a Billy Graham. Cinco generaciones después, un joven chino, misionero en los Estados Unidos, contó esta historia sobre su tatara tatarabuelo y del amable hombre que lo rescató: Hudson Taylor.

Generación tras generación, esa familia se compuso principalmente por individuos despiadados y sinvergüenzas, pero desde el día en que aquel hombre fue rescatado de la alcantarilla, la familia se llenó de misioneros, doctores y pastores. ¿Pudo Taylor imaginar que de un solo acto de bondad, múltiples generaciones serían influenciadas para bien? Por el servicio hacia una sola familia, miles de personas fueron alcanzadas.

Tú naciste no para acumular dinero ni para vivir en una buena casa, sino para influir a la próxima generación. Cualquier otra cosa está lejos y queda corta en relación a esta meta.

La Navidad pasada me senté junto a mi padre de ochenta y ocho años de edad. Está débil, pero mantiene una actitud maravillosa. Observé cómo cada miembro de la familia, uno tras otro, se acercaban a su silla para tomarse fotos y abrazarlo. El apellido de mi padre continuará por medio de las generaciones más jóvenes que lo rodeaban ese día. Ahora, al final de su vida en la Tierra, él piensa mucho más sobre aquellas cosas buenas que les dejará a sus hijos y nietos.

Dios, el Padre, tiene el mismo anhelo. Él es un Dios generacional, le interesa que la relación entre él y su creación pase de generación a generación. La palabra *generaciones* se menciona más de setecientas veces en la Biblia. Don Nori, un ministro internacional, lo dijo muy bien: «Dios depositó todo lo que él es en Jesús. La plenitud de la Divinidad habita en Cristo. Deberíamos depositar todo lo que somos en nuestros hijos»[1].

Nadie tiene más influencia sobre tus hijos que tú. Christian

Smith, en su clásico estudio sobre los niños presentado en *Soul Searching* [En busca del alma], dice: «Contrario a los populares y equivocados estereotipos culturales así como las percepciones erróneas sobre la crianza de los hijos, creemos que la evidencia muestra con claridad que la influencia más importante en la vida religiosa y espiritual de los adolescentes son los padres. Los abuelos, otros familiares, mentores y líderes juveniles pueden ser de mucha influencia también, pero normalmente los padres son lo más importante cuando se trata de formar la vida religiosa y espiritual de los hijos [...] El mejor vaticinador social, aunque no una garantía, de cómo será la vida espiritual y religiosa de los jóvenes es el tipo de vida espiritual y religiosa de sus padres»[2]. En otras palabras, los niños hacen lo que ven.

Cuando los padres se enfrentan con la idea de dejar un legado de generación a generación, muchos tienden a quedarse petrificados. Quizá nadie te habló de este concepto cuando considerabas casarte e iniciar una familia. De alguna manera no es

> **Por lo general, los hijos viven según las expectativas que tengamos de ellos.**

sino hasta su edad avanzada cuando las personas comienzan a pensar sobre la necesidad de dejar un legado. No obstante, es mucho mejor y más eficaz empezar la tarea de ser padres considerando el final. De hecho, algunos grandes novelistas hacen esto al escribir el final del libro antes del inicio. No queremos programar a nuestros hijos para que sean de cierta manera, sin embargo, podemos al menos brindar la guía y dirección para mantenerlos en el camino correcto.

Por lo general, los hijos viven según las expectativas que tengamos de ellos. Algunos padres dicen: «Quiero darles a mis hijos la libertad de escoger por ellos mismos lo que van a creer». Eso no tiene sentido. Ya tienen la libertad de escoger por ellos mismos; no puedes darles eso. Lo que necesitan es dirección para que vayan evaluando sus opciones de manera que tengan un mejor entendimiento y tomen decisiones buenas y correctas. Es parte de nuestro trabajo como padres.

Wayne Rice, en su excelente seminario *Generation 2 Generation* [3] [De generación en generación], me ayudó a entender mejor mi responsabilidad de transmitir mi fe a la siguiente generación. Wayne toma 1 Tesalonicenses 2:11-12 y muestra cómo Pablo revela un patrón o modelo simple para guiar a los padres cuando deseen heredar su fe: «Saben también que a cada uno de ustedes lo hemos tratado como trata un padre a sus propios hijos. Los hemos *animado, consolado y exhortado* a llevar una vida digna de Dios, que los llama a su reino y a su gloria» (énfasis agregado). Animar, consolar y exhortar son parte de este modelo. Nuestro trabajo es encontrar motivos para dar ánimo diario a nuestros hijos.

Una crianza basada en la vergüenza, la culpa constante y la crítica no son las cosas que cambian el corazón del hijo. El *ánimo* es determinante y mantiene sus corazones sensibles a ti y a Dios. *Consolar* significa venir a su lado y apoyar a nuestros hijos. Una vez más, no hablo de ceder ante ellos en maneras poco adecuadas, sino simplemente de acompañarlos con compasión y amor. Tú deseas ser la persona a la cual tus hijos recurran cuando se encuentren en problemas. *Exhortar* es la tarea de instruir a tus hijos. Los padres deben, de forma deliberada, enseñarles a sus hijos cómo vivir. Ellos reciben la enseñanza de mejor manera solo después que les hemos mostrado ánimo y consuelo de manera regular.

UN PLAN PARA FORMAR UN LEGADO FAMILIAR

Es asombroso cuánto se esfuerzan los padres en promover los deportes, lo académico y otras actividades extracurriculares. Invierten años de intenso esfuerzo así como miles de dólares en ayudar a sus hijos a recibir una buena educación. Hacen todo esto con las mejores intenciones, pero los mismos padres literalmente ignoran los asuntos espirituales. No piensan en lo absoluto en tomar la iniciativa sobre su legado en este último aspecto. Es como si algunos padres ni siquiera reconocieran que existe esta dimensión. Para aquellos que se enfocan en los asuntos del legado hay una maravillosa promesa en el libro de Isaías: «Regaré con agua la tierra sedienta, y con arroyos el suelo seco; derramaré mi Espíritu sobre tu descendencia, y mi bendición sobre tus vástagos» (Isaías 44:3).

Los padres deben asumir la responsabilidad de dirigir a sus hijos hacia un legado de fe. George Barna, en mi opinión el mejor investigador sobre la familia y la fe, afirma que el ochenta y cinco por ciento de los padres con hijos menores de trece años cree que tiene la responsabilidad primaria de enseñar a sus hijos sobre asuntos espirituales, y el noventa y seis por ciento cree que tiene la responsabilidad primaria de enseñarles valores. No obstante, la mayoría de los padres no invierte tiempo alguno durante una semana típica para discutir asuntos espirituales con sus hijos[4].

¿Cómo quieres que tus hijos sean en la vida? Muchos padres no han considerado esta pregunta y aún otros han establecido estándares muy bajos para sus chicos. En la Biblia, Dios nos dio una sorprendente promesa en Jeremías, la cual es verdadera para cada generación: «Porque yo sé muy bien los planes que tengo para ustedes —afirma el Señor— planes de bienestar y no de calamidad, a fin de darles un futuro y una esperanza [...] Me buscarán y me encontrarán, cuando me busquen de todo corazón» (Jeremías 29:11-

13). En lugar de manejar un torbellino de actividades, nosotros como padres deberíamos ayudar de manera intencional a nuestros hijos a encontrar los planes que Dios tiene reservados para ellos. Si una persona común solo vive setenta años, veinte años serán para dormir, dieciséis serán para trabajar, siete para jugar, seis años para comer, cinco para vestirse y arreglarse, más de un año en el teléfono y cinco meses para amarrar las cintas de sus zapatos. Esa misma persona probablemente ni siquiera invertirá la misma cantidad de tiempo en formar un legado de fe que en amarrarse la cinta de sus zapatos. Nuestras metas podrían estar muy bajas.

Hace unos cuantos años, mi amigo y mentor Randy Bramel me dio algunos pasos de acción para formar un legado. Aunque he adaptado sus preguntas, estos pasos me ayudaron a repensar lo que yo podría hacer como el líder en mi hogar. Es obvio que no podemos ayudar a nuestros hijos si nosotros mismos no trabajamos en estos asuntos tan importantes.

LA RELACIÓN CON DIOS

- ¿Amas a Dios con todo tu corazón, todo tu ser y toda tu mente? (Mateo 22:37-38)
- ¿Buscas primeramente el reino de Dios? (Mateo 6:33)
- ¿Inviertes tiempo regular con Dios? (2 Crónicas 15:2)
- ¿Estás creciendo en el carácter cristiano? (Gálatas 5:22-23)

LA RELACIÓN CON TU CÓNYUGE

- ¿Amas a tu cónyuge de manera sacrificial e incondicional como Cristo amó a la iglesia? (Efesios 5:25-28)
- ¿Estás llenando las necesidades de tu cónyuge?
  Emocionales
  Físicas

Espirituales

Románticas

- ¿Cómo respondería tu cónyuge?

FAMILIA

- ¿Miras a tus hijos como un regalo de Dios?
- ¿Animas a tus hijos? ¿Los consuelas? (1 Tesalonicenses 2:11-12)
- ¿Los exhortas/entrenas? (1 Tesalonicenses 2:11-12)
- ¿Pasas suficiente tiempo con tus hijos?

TRABAJO/VOCACIÓN

- ¿Eres un buen mayordomo de los dones, las oportunidades y los recursos que Dios te ha confiado en el trabajo para el beneficio del reino de Dios? (Mateo 25:14-30)
- ¿Disfrutas tu trabajo como un regalo de parte de Dios?

SERVICIO

- ¿Tu participación en el cuidado y servicio a otros es apropiada al compararla con todo lo que has recibido? ¿Es suficiente? (mucho o muy poco)
  ¿Es fructífera?
  ¿Provechosa?

AMISTADES

- ¿Pasas y disfrutas tiempo con buenos amigos?
- ¿Tienes relaciones que reabastecen y perduran? ¿Se edifican entre sí?

SALUD PERSONAL

- Dado que tu cuerpo es el templo de Dios, ¿tienes cuidado de tu cuerpo?
- ¿Sigues creciendo mentalmente?
- ¿Inviertes tiempo en desarrollar intereses personales y pasatiempos?

Estas son preguntas difíciles y nadie sobre esta Tierra es capaz de responderlas de manera ideal. Además, estas interrogantes no tienen el fin de ser una lista exhaustiva. Puede haber otras preguntas más eficaces para su consideración. Al menos, examinar los diferentes ámbitos de tu vida te ayudará a determinar si tus prioridades están en orden.

Muchas personas esperan hasta envejecer para poner su legado como prioridad. Un amigo mío llevó a cabo un estudio formal entre personas de setenta y noventa años de edad. Les preguntó qué hubieran hecho diferente en sus vidas. Aquí están sus tres respuestas más importantes:

1. *Preocuparse menos.* Ochenta por ciento de las cosas por las que nos preocupamos nunca suceden. Diez por ciento de las preocupaciones se deben a cosas que no podemos cambiar y solo el último diez por ciento son preocupaciones válidas.

2. *Disfrutar más de la familia.* Cuando se trata de eso, lo que realmente importa son nuestras relaciones familiares. Lo único que importa más es nuestra relación con Dios.

3. *Invertir más tiempo en cosas que importan para la eternidad.* Es interesante que a veces se necesita llegar hasta el final de nuestras vidas para apreciar la perspectiva eterna. Podríamos aprender de nuestras generaciones predecesoras y comenzar el proceso de dejar un legado con mayor anticipación.

En una ocasión, impartí una conferencia sobre la familia en una de las organizaciones juveniles más conocidas en el mundo. Muchos de los asistentes y sus familias hacen un trabajo similar al que yo hago. Durante esa actividad, me correspondía hablarles a los adultos y sus hijos el viernes por la noche. Al regresar a mi habitación, pasé frente a dos muchachas que fumaban cigarrillos. Se veían un poco endurecidas y no muy involucradas en la conferencia. Por alguna razón me detuve a hablar con ellas, y me sorprendió escuchar que sus padres tenían altos cargos en la organización. Me encanta el desafío de comunicarme con este tipo de chicos, así que tuvimos un buen momento de discusión abierta. Al siguiente día, de nuevo regresaba a mi habitación y ahí estaban; las mismas dos chicas, fumando. Me detuve y comenzamos a tener otra buena conversación. Al final, habiendo ganado algo de su confianza, les dije: «Estoy en un trabajo similar al de sus padres y tengo tres hijas. ¿Qué consejo me darían para ser un buen padre y ayudar a mis hijas a tener una vida significativa?». Julie, la mayor de las chicas, inhaló fuertemente el humo de su cigarrillo, luego con lentitud lo colocó en la tierra y lo apagó con su zapato mientras el humo salía de su nariz. Levantó su mirada hacia mí y dijo: «Espero que pases más tiempo con tus chicas de lo que mis padres pasaron conmigo. Ves, él salva a muchos chicos pero no me salvó a mí». De inmediato, mis ojos se llenaron de lágrimas. Regresé a mi habitación, me puse de rodillas y le pedí a Dios que me ayudara a ser esa clase de padre que no pone su vocación por encima de la relación con sus hijas. Estoy seguro de que existe otra versión en la historia de Julie, pero el hecho se mantiene: no se puede formar un legado a larga distancia.

AYUDA A TUS HIJOS A ENCONTRAR UNA MISIÓN, UN COMPAÑERO Y UN MAESTRO

Considero que de todos los pensadores cristianos que tratan temas familiares en la actualidad, Tim Kimmel tiene algunas de las posturas más profundas para esta generación. Tim mencionó en uno de nuestros programas de *HomeWord* que cada padre debe ayudar a sus hijos a «escoger su misión, su compañero y su Maestro». En muchos sentidos, él resumió una buena parte de nuestra tarea de ser padres.

Recientemente le pregunté a un estudiante de noveno grado qué quería ser en la vida.

—Quiero ser rico. Quiero conducir un Porsche, quiero tener una casa frente al mar y quiero viajar alrededor del mundo —contestó.

Mi respuesta lo sorprendió.

—Tus metas son demasiado cortas. Puedes tener todo eso y aun así, ser infeliz y no cumplir tu misión principal en la vida.

—Pero, ¿cuál es mi misión principal?

Esa es una buena pregunta.

—Descifrarlo es tu tarea —le respondí—, pero por favor no te conformes con quedar en el segundo lugar.

He visto que muchos padres gastan su energía al animar a sus hijos a ser ricos sin tratar asuntos del carácter y valores como los que Tim señala. Con todo, ¿qué podría ser más valioso que escoger tu misión, tu compañero y tu Maestro? No podemos dejar el desarrollo espiritual de nuestros hijos al azar o a las circunstancias. Debemos enfocar nuestras energías en ayudar a nuestros hijos a encontrar al Maestro. Sin la ayuda y la intervención de Dios, el legado se pierde en prioridades menos importantes.

La mayoría de los chicos se casará algún día. Formarán una familia y, esperemos, que dejen un legado que honre a Dios. Creo que involucrarnos como padres en las relaciones de nuestros hijos con el sexo opuesto es crítico. Debemos enseñarles y ser modelos a seguir de tal forma que fomentemos su habilidad de amar y respetar a sus futuras parejas. Aparte de mi relación con Dios, la decisión más importante que he tomado jamás ha sido casarme con Cathy. Las personas pueden ganar el mundo entero y aun así perder la oportunidad de escoger al compañero correcto. Tu vida será mucho más difícil si la relación con tu pareja está desbalanceada.

Esta semana estuve hablando con líderes de iglesias sobre cómo trabajar con los padres de familia en sus congregaciones. Les pregunté cuántos habían recibido de sus padres una educación sexual buena, positiva y centrada en valores al crecer. ¡Cuatro personas alzaron la mano de entre una multitud de cuatrocientas! Les pregunté si sus padres habían tomado el tiempo para enseñarles, en general, sobre las relaciones con el sexo opuesto que honran a Dios. Esta vez vi ocho manos alzadas. Si los padres no se toman el tiempo para enseñar, capacitar y estimular a sus hijos, ¿quién lo hará con tanto cuidado y atención?

El tercer aspecto para formar el legado de tus hijos es ayudarles a encontrar su misión. Todavía recuerdo algunas conversaciones que tuve hace muchos años cuando era pastor de jóvenes. De vez en cuando, los jóvenes me decían que querían ser maestros, misioneros, pastores u otra vocación que valía la pena sin ofrecerles muchas riquezas terrenales. Muchas veces me decían que sus padres los estaban desanimando en su llamado porque no los llevaría a la riqueza.

> **Creo que involucrarnos como padres en las relaciones de nuestros hijos con el sexo opuesto es crítico.**

No cualquier persona es llamada a vivir en la pobreza, pero es importante que los padres inviertan tiempo en sus hijos para hablar sobre su misión en la vida. También debemos procurar estar abiertos a lo que nuestros hijos creen que Dios desea que hagan, sin importar cuánto dinero ganarán. Los muchachos que con claridad entienden cuál es su misión prosperarán en muchas maneras en lo que respecta a su matrimonio, su familia, su vocación y su futuro. Los padres deben hacer un esfuerzo conjunto para brindarles a sus hijos aquellas experiencias que los ayudarán a encontrar su propósito. Enfrentémoslo: la mayoría de las personas no recibe directamente de Dios un «itinerario de vida» bien definido. Sin embargo, como padres podemos jugar un papel activo al animar a nuestros hijos a escuchar el llamado de Dios. Si no dedicas el tiempo para cuidar el futuro de tus hijos, ¿quién lo hará?

¿POR DÓNDE COMENZAR?

> **Si no dedicas el tiempo para cuidar el futuro de tus hijos, ¿quién lo hará?**

Pensar en formar un legado de fe de generación en generación suena genial, pero estoy seguro de que probablemente te estás preguntando: «¿Por dónde comienzo?». En realidad, esta es una buena pregunta para tus mentores. Uno de los mentores en mi vida y en la de Cathy dijo que para empezar un legado en su familia tuvieron que disminuir la velocidad y establecer rituales. Esta familia toma el concepto del Sabbath, del que hablamos en el capítulo cuatro, muy en serio e incluye la formación de tradiciones familiares. Para ellos, eso significa disfrutar un desayuno especial de panqueques los sábados por la mañana, y pasar tiempo juntos los domingos por la noche para divertirse y animarse espiritualmente entre sí. Por su parte, una pareja se asegura de celebrar una reunión anual para que sus familiares viajen juntos y combinen la diversión con la meditación sobre asuntos espirituales durante sus vacaciones. Aunque tienes que averiguar qué es lo mejor para tu familia, probablemente se necesitará que disminuyan la velocidad y creen recuerdos familiares equilibrados.

Mis amigos Terry y Sharon Hartshorn están en el proceso de escribir «Biblias de legado» para cada uno de sus hijos y nietos. Tienen una Biblia específica para cada uno en donde escriben sus comentarios a la par de las porciones de las Escrituras que consideran valiosas e importantes para cada hijo en particular. Con el paso del tiempo, les darán las Biblias a sus hijos y nietos. Cuando cada una de mis hijas nació, empecé a escribir un diario para ellas. Escribí sobre mi amor hacia ellas. Les conté sobre nuestros parientes. Escribí oraciones y pensamientos para ellas. Ahora que son adultas, les he dado estos diarios.

Te sugiero que pienses sobre las características espirituales, relacionales, físicas, emocionales y mentales de tu vida al formar un legado para tu familia. Nuestra familia se reunió para tener un breve tiempo de meditación el fin de año anterior. Cada uno tenía una hoja de papel en la que estaba escrito el versículo que cité en este capítulo (Jeremías 29:11-13): «Porque yo sé muy bien los planes que tengo para ustedes —afirma el Señor— planes de bienestar y no de calamidad, a fin de darles un futuro y una esperanza […] Me buscarán y me encontrarán, cuando me busquen de todo corazón». Después de haber leído ese pensamiento y esa promesa, hice que todos voltearan la hoja de papel. En el reverso estaban escritas estas palabras:

- Salud espiritual: ¿Actual? ¿Metas?
- Salud relacional: ¿Actual? ¿Metas?
- Salud física: ¿Actual? ¿Metas?
- Salud emocional: ¿Actual? ¿Metas?
- Salud mental: ¿Actual? ¿Metas?

Luego hablamos sobre el hecho de que no queríamos echar a perder el plan de Dios para nuestras vidas, lo cual es tan fácil cuando tomamos las cosas por nuestras propias manos. Después de eso, comentamos cómo nos estaba yendo en cada ámbito y cómo serían algunas de nuestras metas para el siguiente año. Esto resultó ser un ejercicio excelente para examinar nuestras vidas y, como familia, hacer que cada uno rindiera cuentas.

¿Qué tipo de legado quieres dejarles a tus hijos en estos cinco ámbitos de la vida? A continuación, te expongo algunas metas que quizá quieras lograr. Estoy seguro de que querrás agregar tus propias ideas específicas y prácticas.

- *Espirituales*: Amar y obedecer a Dios, enseñar sobre integridad, valorar la participación en una iglesia, crecer en fe, aprender y vivir bajo la luz de la Palabra, desarrollar una visión del mundo bíblica, ser un discípulo de Cristo, servir a otros.
- *Relacionales*: Momentos de diversión y risa, oportunidades para vacacionar en familia y estrechar lazos, ratos de ocio, habilidad para resolver conflictos con miembros de la familia, habilidades para escuchar, aprender a tratar al sexo opuesto, desarrollar amistades duraderas, invertir en la vida de otros.
- *Físicas*: Comer alimentos saludables, manejar el estrés, ejercitarse, integridad financiera y mayordomía, hábitos higiénicos y temas de salud, aprender a trabajar arduamente, aprender a administrar tus recursos financieros.
- *Emocionales*: Entablar amistades sanas, encontrar tiempo para descansar y reabastecerse, crear seguridad en uno mismo y una imagen personal sana, edificar confianza y amor incondicional, desarrollar rasgos del carácter como la disciplina, la perseverancia, el valor y la pureza.

- *Mentales*: Leer buenos libros, aprender nuevas habilidades, escribir y discutir ideas, descubrir cómo pensar de forma crítica, aumentar la capacidad de planificación, aprender habilidades para tomar decisiones.

Estos son puntos de partida válidos para identificar qué deseas enseñarles a tus hijos. Sin embargo, esfuérzate en no agobiarlos ni agobiarte. Algo es mejor que nada, y aquellos que no le apuntan a nada no encontrarán su rumbo.

El gran filósofo Soren Kierkegaard contó una historia sobre unos patos que venían de un país imaginario donde solo viven patos. Una mañana de domingo, la madre y el padre de todos los patos se fueron a la iglesia con sus hijos marchando detrás de ellos. Entraron por la puerta y se sentaron en las bancas para patos, cantaron melodías del himnario para patos y colaboraron para ayudar a los patos pobres al momento de recoger las ofrendas. Cuando el predicador, que era un pato, se levantó para proclamar el mensaje, se mostró muy dinámico.

Abrió la Biblia para patos y gritó:

—Patos, ¡pueden volar! Tienen alas, y pueden volar como las águilas.

Todos los patos corearon:

—¡Podemos volar! ¡Podemos volar!

Él les preguntó:

—¿Creen que pueden volar?

De nuevo, los patos gritaron:

—Podemos volar, podemos volar.

Una vez más, el pastor gritó:

—¡Podemos surcar los cielos!

Todos gritaron:

—Amén.

Habiendo dicho eso, el pastor cerró la Biblia para patos y despidió a su congregación de patos quienes se marcharon a sus casas, caminando como patos.

Tus palabras son importantes, pero solo pueden ayudar hasta cierto punto. Gran parte del trabajo de dejar un legado de fe lo realizamos cuando somos modelos de ese legado y creemos en nuestros hijos. Para hacerlo, como padres debemos asegurarnos de tratar los asuntos en nuestras propias vidas. De lo contrario, el mensaje para nuestros hijos será muy similar al del pastor de patos. Después de decirles que podían volar, necesitaba mostrarles cómo hacerlo y para ello debía extender sus alas y surcar los cielos por encima de las nubes.

Nuestros hijos están destinados a surcar los cielos, y pueden hacerlo. Se necesitará un plan, intencionalidad y ayuda de arriba. No obstante, creo que puedes ir delante de tus hijos y ser determinante en la vida de las nuevas generaciones.

CÓMO DEJAR UN LEGADO DURADERO

¿Cuál es el punto?

1. Si pudieras resumir en unas cuantas líneas el legado que deseas dejar a tus hijos, ¿cómo lo resumirías?

El propósito

1. ¿Qué decisiones necesitas tomar para dejar un legado duradero para tus hijos y nietos?

2. ¿Hay algo que te detiene?

El plan

1. Si pudieras desarrollar un plan para ayudar a tus hijos a encontrar una misión, un compañero y un Maestro, ¿qué incluiría?

2. Toma el tiempo para identificar en dónde está cada miembro de tu familia en los siguientes ámbitos. Ajusta tus respuestas para el caso de los niños pequeños.

   Salud espiritual: ¿Actual?

   ¿Metas?

   Salud relacional: ¿Actual?

   ¿Metas?

   Salud física: ¿Actual?

   ¿Metas?

   Salud emocional: ¿Actual?

   ¿Metas?

   Salud mental: ¿Actual?

   ¿Metas?

TU PLAN FAMILIAR

ESTE LIBRO FUE DISEÑADO para ayudarte a desarrollar tu propio plan de crianza. No tiendo a darles a las personas una perspectiva encajonada sobre la crianza de los hijos. Como lo he dicho antes, cada familia es diferente y cada hijo dentro de cada familia es diferente. Justo cuando piensas que has logrado entender a uno de tus hijos, viene otro con una forma totalmente distinta de hacer las cosas.

Con el tiempo, Cathy y yo hemos utilizado el siguiente bosquejo para ponernos de acuerdo en nuestro estilo de ser padres. En el mundo de los negocios, una persona exitosa no pensaría en administrar un negocio sin un plan o una estrategia. Sin embargo, muchos padres crían a sus hijos sin pensar mucho ni estudiar un propósito y un plan. Ahora que has leído este libro, esta hoja de ejercicio puede resultar muy valiosa para que desarrolles tu plan familiar general.

NUESTRO PLAN FAMILIAR

Valores (¿Cuáles son los valores eternos que guían nuestra familia?)

Propósito (¿Cuál es el propósito por el cual existe nuestra familia?)

Esto es casi como escribir la misión de una familia. Trata de usar de una a cuatro oraciones para escribirla. Cuanto más corta sea, mejor.

Plan (plan de tres a cinco años)

Considera ámbitos como educación, educación sexual y relaciones, salud, deportes, amistades, vida espiritual y cualquier otro asunto que estimes importante. Escribe planes y metas para cada ámbito.

Plan anual (¿Cuáles son los planes y las metas que deseas lograr este año?)

Toma los mismos ámbitos de tu plan de tres a cinco años y considera lo que deseas inculcar en la vida de tus hijos y tu familia este año. Redáctalo de manera simple y breve. Tendemos a planificar demasiado para un año y planificar muy poco para cinco años. Piensa en momentos para enseñar, también en las experiencias y el contenido para cada ámbito del plan.

NOTAS

Capítulo 2

1. Bill Hybels, *Liderazgo audaz, Editorial Vida*, Miami, FL, 2002 (p. 185 del original en inglés).
2. Ibid. (p. 243 del original en inglés).

Capítulo 3

1. Como un excelente recurso en esta materia, lee a Scot McKnight, *The Jesus Creed: Loving God, Loving Others*, Paraclete Press, Boston, MA, 2004.
2. Para más información, recursos e ideas sobre el tiempo familiar, visita *www.homeword.com/familytimeideas*.

Capítulo 4

1. Richard Foster, Celebración de la disciplina: *Hacia una vida espiritual más profunda*, Peniel, Miami, FL, 2009 (p. 15 del original en inglés).
2. George Muller, *Sabbath: Finding Rest, Renewal, and Delight in our Busy Lives*, Bantam Books, Nueva York, NY, 2004, p. 204.
3. Alvin Rosenfeld y Nicole Wise, *La hiperescolarización de los niños*, Editorial Paidos, Barcelona, 2002 (p. 231 del original en inglés).
4. Muller, 6.
5. Ruth Haley Barton, *Momentos sagrados: Alineando nuestras vidas para una verdadera transformación espiritual*, Editorial Vida, Miami, FL, 2008 (pp. 142-143 del original en inglés).

Capítulo 5

1. Mack R. Douglas, *How to Win With High Self-Esteem*, Sterling Publishing Company, NY, 1999, p. 362.

2. «Teens Say Adults Are Critical Support System for Facing Present Fears, Planning Future Sucess» [Los adolescentes dicen que los adultos son el sistema crucial de apoyo para enfrentar los temores del presente y planificar el éxito del futuro], *USA Today*, 12 de noviembre de 2002. La cita se basa en el artículo nacional de la investigación de Communities in Schools. Luntz Research & Strategic Services llevaron a cabo la encuesta del 24 al 27 de octubre de 2002.

3. George Muller, *Sabbath: Finding Rest, Renewal, and Delight in our Busy Lives*, Bantam Books, Nueva York, NY, 2004, p. 128.

4. Henri J.M. Nouwen, *Life of the Beloved: Spiritual Living in a Secular World*, Crossroad Publishing Company, Nueva York, NY, 1997, p. 51.

5. Alvin Rosenfeld, p. 244.

Capítulo 6

1. Wayne Rice, *Help! There's a Teenager in My House*, InterVarsity Press, Downers Grove, IL, 2005, p. 24.

2. Tim Kimmel, *Crianza llena de gracia*, Caribe/Betania, Nashville, TN, 2005 (pp. 20-21 del original en inglés).

3. Ibid. (p. 40 del original en inglés).

4. Kevin Leman, *Logra hijos obedientes sin perder la cabeza*, Revell, Grand Rapids, MI (p. 18 del original en inglés).

Capítulo 7

1. Walt ha escrito un libro maravilloso sobre esta materia: Doctor Walt Larimore y Amanda Sorenson, *El plan de Dios para niños saludables*, Editorial Vida, Miami, FL, 2007.

2. Gary Smalley y John Trent, *La bendición*, Grupo Nelson, Nashville, TN, 1990 (p. 21 del original en inglés).

3. Ibid. (p. 18 del original en inglés).

4. Jim y Janet Weidmann y J. Otis y Gail Ledbetter, *Spiritual Milestones: A Guide to Celebrating Your Child's Spiritual Passages*, Chariot Victor Publishing, Colorado Springs, CO, 2001, pp. 10-11.

5. Jim Burns, *Confirming Your Faith*, Group Publishing, Colorado Springs, CO, 2003.

Capítulo 8

1. Don Nori, *Cómo romper maldiciones generacionales*, Peniel, Miami, FL, 2010, p. 28.

2. Christian Smith y Melinda Lundquist Denton, *Soul Searching: The Religious and Spiritual Lives of American Teenagers*, Oxford University Press, Nueva York, NY, 2005, p. 261.

3. Wayne Rice, *Generation 2 Generation*, un evento para padres de HomeWord, derechos reservados, 2007. Para mayor información, visita *www.HomeWord.com*

4. George Barna, *Barna Updates*, 10 de mayo de 2003. *www.barna.org/FlexPage.aspx?Page=Topic&TopicID=44.*

El doctor Jim Burns fundó el ministerio *HomeWord* en 1985 con la meta de brindar ayuda y esperanza a familias en conflicto. Como anfitrión del programa radial *HomeWord with Jim Burns* [HomeWord con Jim Burns], que se escucha a diario en más de ochocientas comunidades, la pasión del autor es edificar familias que honren a Dios a través de comunicar verdades prácticas que permitan vivir la fe cristiana a adultos y jóvenes por igual.

Además del programa radial, cada año Jim dicta seminarios y conferencias a miles de personas a escala mundial. Es un autor galardonado, y entre sus libros se incluyen: *Los diez principios esenciales para una familia feliz* y *Creating an Intimate Marriage* [Forme un matrimonio íntimo].

Jim, su esposa Cathy y sus tres hijas viven en el sur de California.

NOTAS

NOTAS

NOTAS

NOTAS

NOTAS

Nos agradaría recibir noticias suyas.
Por favor, envíe sus comentarios sobre este libro
a la dirección que aparece a continuación.
Muchas gracias.

Vida@zondervan.com
www.editorialvida.com